巴蜀文化走进千家万户丛书（第五辑）

从巴蜀走出的文化巨人 郭沫若

曾加荣 ○ 著

四川出版集团
巴蜀书社

《巴蜀文化走进千家万户》
丛书编委会名单

主　　　任：张作哈

副 主 任：唐建军　张在德　王　伟

主　　　编：张在德

副 主 编：罗韵希　段志洪

编委会成员：唐建军　张在德　任　杰　梁清海
　　　　　　康济民　安　山　伍　文

目　录

总　序 ………………………… 张中伟（001）

引　言 ……………………………………（001）

第一章　海棠香国的骄子 ………………（005）
　一、少年时代 ……………………………（007）
　二、初出夔门 ……………………………（017）
　三、时代诗人 ……………………………（024）
　四、戎马书生 ……………………………（038）

第二章　中华民族的赤子 ………………（050）
　一、甲骨鼎堂 ……………………………（052）
　二、归国抗日 ……………………………（057）
　三、开拓新史学 …………………………（064）
　四、史剧大师 ……………………………（071）

第三章　共和国的歌手 …………………（081）
　一、共和国的开创者 ……………………（082）
　二、为新中国歌唱 ………………………（090）

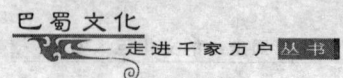

三、夭折的"百花" ………………………… (097)

四、"文革"风云 ………………………… (105)

参考书目 …………………………………… (130)

后　记 ……………………………………… (132)

总 序

张中伟

巴山蜀水自然风光旖旎，历史文化璀璨。作为中华文明起源地之一的巴蜀故地，历经数千年的风雨沧桑和一代又一代巴人蜀人的筚路蓝缕，形成了玄妙神奇、博大精深、瑰丽多姿的巴蜀文化，成为中华文化的重要组成部分，这是四川，乃至中国的一座极为珍贵的文化宝库。

巴蜀文化植根于巴山蜀水，是一种典型的地域文化。自上个世纪40年代初提出"巴蜀文化"这一概念以来，随着考古的新发现，特别是三星堆、金沙遗址等一批颇有影响的古迹相继发现发掘，巴蜀文化的研究逐渐成为热点，并陆续在历史文化、考古文化和民族文化等方面推出了一批在国内外引起广泛关注的学术成果。这是我省文化事业繁荣兴旺的重要标志，是精神文明建设取得的瞩目成就。

十六大报告指出："全面建设小康社会，必须大力发展社会主义文化，建设社会主义精神文明。"重视发掘、研究

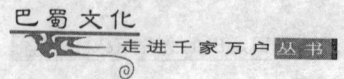

巴蜀文化，大力普及、弘扬巴蜀文化，既是结合我省实际、认真实践"三个代表"重要思想的具体体现，也是不断满足人民群众日益增长的健康文化生活需求、全面建设小康社会的迫切需要；既是发展繁荣我省文化事业、建设文化强省的有机内容，也是加强和推进我省精神文明建设、振奋广大干部群众精神的重要途径。为此目的，省政府组织参事、文史馆员等一批学有专长的老专家、老教授编写了《巴蜀文化走进千家万户》丛书。这套丛书涵盖了巴蜀文化的起源与传承、历史文化、民族宗教、科学技术、民风民俗、名都名城名人等诸多方面，史实准确，文字精练，图文并茂，通俗易懂，对普及、宣传和弘扬巴蜀文化，具有积极重要的作用。相信这套丛书能受到广大读者的喜爱，并从中领略到巴蜀文化的独特魅力。

文化的力量，深深地熔铸在民族的生命力、创造力和凝聚力之中。弘扬巴蜀文化，既要加强基础理论研究，又要大力开展宣传普及工作。坚持在普及基础上提高，在提高指导下普及。希望全省学术研究和文化界的同志始终牢牢把握先进文化的前进方向，努力创作出更多更好的、无愧于时代和人民的文化精品，为推动我省文化事业的发展繁荣作出更大贡献。

引 言

郭沫若是20世纪中国的文化巨人,为中国的现代文化事业作出了开创性的贡献,在中国文化史上的地位是彪炳史册的。作为文化巨人,他是百科全书式的人物,在有限的生命中,以一人之力,在文学、艺术、哲学、历史学、考古学等多方面都取得了卓越的成就,获得了诗人、剧作家、书法家、历史学家、考古学家、古文字学家等称号。在文学领域,他以《女神》开一代诗风,成为独树一帜的时代诗人;又以《屈原》等历史剧的创作,蜚声20世纪40年代国统区文坛;他的小说、散文、传记等各类文体也自成风格,而一生的文学活动又使他成为革命文坛的领袖。在史学领域,他以全新的理论——马克思主义的历史唯物论,全新的材料——甲骨、周金等考古材料,对中国古代历史进行了重新建构,成为马克思主义史学的开拓者。史学大师顾颉刚当时就称赞郭沫若的《中国古代社会研究》"是一部极有价值的伟著","中国古代社会的真相,自此书后,我们才摸着一些边际"。此后,但凡言及中国古史,郭沫若的成就都是不能不提及的。

郭沫若是从巴蜀大地走出的文化巨人。蜀地的雄山奇水,蜀人求新创异、敢为天下先的品格,蜀文化经世致用的传统,无疑都给郭沫若深刻的影响。少年时代,他生活在四川内陆"海棠香国"的嘉州,家乡的秀丽山水孕育了他的天才诗情,社会的动荡磨炼了他的叛逆个性。在社会大裂变、文化大转型的历史选择中,郭沫若成长为一代文化巨人,当之无愧的时代骄子。他一生为民族的新生呐喊奋战,实现了自己的报国之志。"五四"时期,他以"凤凰涅槃"、"天狗吞月"的狂飙突进之势登上文坛,喊出时代的最强音;北伐战争期间,他又弃笔从戎,驰骋疆场,在战火纷飞、刀光剑影中,书写出一番壮丽人生;1927年国共分裂之际,他以非凡的勇气,写下了激昂的讨将檄文——《请看今日之蒋介石》,并由此遭到追捕,不得不逃亡日本;在流亡的岁月中,他不但没有消沉委顿,反而埋首于古代典籍和甲骨青铜之中,会通古今,融贯中西,取得了卓越的学术成果,成为名冠天下的大学者;

郭沫若

抗日战争时期，他抛妇别雏，投笔请缨，回国抗日，主办《救亡日报》，担任国民政府军事委员会政治部第三厅厅长，负责抗日宣传工作，亲临前线激励士气，鼓舞全民的抗日热情；与他的文化地位相辉映，郭沫若的文学才情又一次喷薄而出，成为新一代史剧大师。中华人民共和国成立以后，郭沫若出任国家政务院副总理、全国人大常务委员会副委员长、政协副主席，成为国家领导人之一；担任中国人民保卫世界和平委员会主席、中日友好协会名誉会长、全国文联主席、中国科学院院长、中国科学院哲学社会科学部主任、历史研究所第一所所长、中国科技大学校长等职，负责国家科技文艺和国际交往等方面的领导工作。新中国成立后的郭沫若，虽然国事繁忙，但并没有放弃文学创作和学术研究。诗歌合为时而著，为共和国讴歌，具有强烈的时代感；历史剧借古喻今，寓意深远；历史研究有新的发现，虽一些因时而变的说法，不可避免地招来非议。但不管如何，郭沫若毕竟是文化巨人，他的成就，毕竟是凡夫俗子们难以望其项背的。

"一代人有一代人的学术"，郭沫若一生的行为、创作和思想，都深深地打上了20世纪中国迈向现代化的艰难和曲折。20世纪是中国社会发生巨大变革的一百年，光明与黑暗，正义与邪恶，战争与和平，专制与民主，外来文化与本土文化，现代文化与传统文化，无时无刻不在剧烈地碰撞。郭沫若就是这个时代汇聚碰撞火花，不断与时俱进，创造新文化的一位文化巨人。他活跃在政治与文化之间，曾以文学社团领袖和学术领袖的身份，纵横驰骋于思想文化界；又以社会贤达的政治身

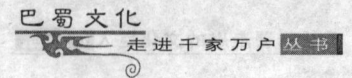

份在险恶的政治风云中,搏击斡旋。他风华绝代的豪迈诗风令人激动;他聪颖过人的天资和才华令人神往;他奔涌的激情和渊博的学识令人羡慕;可谁又能读懂这位风云人物的喜怒哀乐和悲欢苦辛呢?

无须讳言,人们在评价郭沫若的时候,总是赞誉和肯定新中国成立以前的郭沫若,否定和批评新中国成立后的郭沫若。其实,从文化的角度考察,新中国成立前后的郭沫若并没有本质的差别。作为一位文化名人,他自始至终都是民族文化的坚定捍卫者,而且一直都在努力探索中国传统文化向现代化的创造性转换。这是一项艰难的开拓,有成功也不可避免失误。总结他的经验和教训,是我们后代文化人义不容辞的责任。

第一章 海棠香国的骄子

郭沫若，乳名郭文豹，学名郭开贞，号尚武。1892年（清光绪十八年）11月16日，诞生于乐山县沙湾镇（现乐山市沙湾区）。

少年郭沫若

乐山，素有海棠香国之称。后周宣政二年（579），定名为嘉州，旧府署城北临海棠山麓，故称"海棠香国"。唐代大诗人岑参曾在这里做过刺史。历代的骚人墨客，写下了不少赞美这里山川秀美的诗文。明代汤显祖有诗云："海棠香尽归休晚，解道峨眉似远山。"（《送陈仲道饷延绥归嘉定州》）清代诗人王渔洋赞道：

"天下之山水在蜀,蜀之山水在嘉州。"(《蜀道驿程记》)刘濖云:"身坐海棠香国里,胜游何必羡江南。"(《嘉定舟中杂咏》)郭沫若在《忆嘉州》一诗中称赞道:"海棠香国荔枝湾,苏子当年寓此间。云外读书声已歇,空余楼阁对眉山。"(《潮汐集》)

沙湾与乐山市区的距离不足二十里,是个山青水秀、风景美丽的小镇。从镇里向西望去,群山中有一高峰,叫做绥山,是峨眉山的第二高峰;镇的东面,滔滔的大渡河水由北向南不停地奔流。小镇坐落在这山水之间,可谓"绥山毓秀,沫水钟灵"。

郭沫若故乡——绥山毓秀 沫水钟灵

沙湾故里的茶溪风光

然而,这充满着诗情画意之乡,在郭沫若诞生的时候,却是土匪经常出没的地方。那时候,中华民族正处于内忧外患、灾难深重的年代。郭沫若3岁时,日本侵略中国,甲午战争失败,签订了丧权辱国的《马关条约》。9岁时,八国联军侵华,清政府被迫签订屈辱的《辛丑条约》;13岁时,日俄战争在辽东展开,清政府再次割地赔款。祖国的大好山河,蒙受如此灾难,中国的黎民百姓,处于水深火热之中。郭沫若的童年时代,就是在这样的历史环境中度过的。

一、少年时代

郭沫若的曾祖父是个精明能干的商人。郭家的家业是在曾祖父这一代发迹的。他的祖父曾执掌过沙湾码头,在当地很有名望。由于在外闯荡江湖,疏财仗义,不顾家业,因此郭家的家业在祖父手中渐渐凋零。郭沫若父亲郭朝沛(1853—1939)13岁时,便不得不到外祖父家的盐井上当学徒。他天资聪敏,做学徒不到半年,就回家当家管事,苦心经商,重振家业,凋零了的郭家慢慢恢复元气。尽管郭朝沛因早年过劳,性格忧郁,但由于他尝到过幼年失学的痛苦,对儿子的教育非常重视,专门设立家塾"绥山馆",并聘请当地有名的私塾先生沈焕章主教十余年。

郭沫若的母亲杜邀贞(1857—1932),对郭沫若影响最大。郭沫若回忆说:"在一生之中,特别是在幼年时代,影响我最

郭沫若的父亲郭朝沛

深的当然要算是我的母亲。我的母亲爱我,我也爱她。……她的一生的历史也可以说是一部受难的历史。"(《我的童年》,《沫若文集》第6卷)郭沫若的外祖父杜琢章是贵州黄平的州官,因为苗民起义,城池失守,以身殉职,其妻子和6岁的女儿也跳池自尽。可怜不满周岁的杜邀贞,便成了孤儿,一个姓刘的奶妈抱着她,逃出黄平,在贵州、云南等地颠沛流离,3岁时来到四川,过着寄人篱下的困顿生活。杜邀贞15岁嫁到郭家,她天资聪明,虽然幼年无父无母,没有条件读书,但耳濡目染,也认得一些字,而且能够背诵许多唐诗。郭沫若从摇篮时代起,她就不断教他咏诵唐诗,使郭沫若从小就受到熏陶,与诗歌结下了不解之缘。郭沫若说:"假使我也算得个诗人,那这个遗传分子确也是从我母亲来的了。"

郭沫若的母亲杜邀贞

郭沫若天资聪明,记性特别好。比他长四五岁的哥哥,晚上在家里诵读《易经》、《书经》,像符咒一样莫名其妙的文句,总是念不熟。郭沫若在灯下玩游戏,听哥哥读几遍,就能背诵了。他的聪敏,博得了母亲的喜爱。母亲就教他背诵儿歌《翩翩少年郎》:

翩翩少年郎，骑马上学堂。
先生嫌我小，肚内有文章。

这首儿歌刺激和培养了郭沫若的读书兴趣，使郭沫若对上学产生了极大的好奇心。因此，当他四岁半的时候，就要求读书了。1879年春天，不满五岁的郭沫若，便被父亲领到家塾里向私塾先生拜了师。

私塾先生沈焕章，四川犍为人，学问渊博，忠于职守，为人正直，心地善良。他教书时对学生要求十分严格，甚至动用体罚，但休息时态度却很和善，常和学生一起娱乐。沈焕章先生对郭沫若的成长，有很大的影响。沈先生规定的课程，是白天读经，晚上读诗，每三天一回诗课。在短短的几年里，沈先生以《千家诗》、《诗品》、《唐诗三百首》等作为教材，教郭沫若习诗、作对，郭沫若六七岁的时候，就开始作对子和试帖诗了。后来郭沫若回忆道："我记得大概是在六岁的时候……有一天先生和我们在家塾后去钓了鱼回来，先生评字的时候，在纸背上戏写了'钓鱼'两个字，便向我们索对。我在那时候才看了《杨香打虎》的木人戏不久，我便脱口叫出'打虎'。先生竟拍案叫绝，倒把我吓了一跳。我有一个堂兄比我大三岁，他想了半天才想出一个'捉蝶'，先生说勉强可对。后来先生竟向我父亲称赞我，说：'此子出口不凡，将来必成大器。'"（《批评与梦》，《沫若文集》第10卷）后来，郭沫若又开始学习写诗，现存的少年诗稿中的《山村即景》和《茶溪》，都是他十岁前后写下的。

《山村即景》:
　　屋角炊烟起,山腰浓雾眠。
　　牧童横着笛,村老卖花钿。

《茶溪》:
　　闲居无所事,散步宅前溪。
　　钓竿舍了去,不知是何鱼?

　　这是郭沫若最早的诗篇。这两首诗,绘声绘色地描绘了山村的自然风光和少年怡然自得的情趣,尽管还带有童年的稚气,但充分地展示出郭沫若写诗的才能。

　　由于母亲和沈焕章先生的培养教育,郭沫若从儿童时代起,就接触了不少中国古典诗词。著名诗人陶渊明、王维、李白、孟浩然、柳宗元等人的诗歌,深深地吸引着郭沫若,一颗年幼的心从小探索在诗歌迷人的境界中。

　　郭沫若的儿童时代,除父母和沈先生的影响外,大哥郭开文对他的影响也很大。他曾说:"除父母和沈先生之外,大哥是影响我最深的一个人……大哥年青时分性格也很浪漫的。他喜欢做诗,刻图章,讲究写字,也学过画画。……大哥写的是一手苏字,他有不少的苏字帖,这也使我和书法有了接近的机会。"(《我的童年》,《沫若文集》第6卷)大哥郭开文,字橙坞。1903年,四川废科举兴学校时,考入了成都的东文学堂,学习一年后到日本留学。大哥接触到新学后,很快把"资产风"吹进了偏僻的沙湾镇。许多新学的书籍,如《启蒙

郭沫若的大哥郭开文（1877—1936）

画报》、《经国美谈》、《新小说》、《浙江潮》、《地球韵书》等书报，像洪水一样，由成都流到郭家的私塾里，促成了"家塾革命"。沈先生在大哥的影响下，改变了教学内容和教学方法，他不但教《左传》、《周礼》、《古文观止》，而且还教《地球韵书》、《笔算数学》等，当时上海出版的许多启蒙教科书，如地理、地质、东西洋史、国文等等，都成了他们家塾里的课本。这些新学，在思想上给年幼的郭沫若开辟了崭新的天地。郭沫若十多岁的时候，又读了《西厢记》、《西湖佳话》、《花月痕》等禁书，使他幼小的心灵产生了莫大的震动。郭沫若的童年，就是在这样的环境下度过的，一方面受着私塾的严格训练，另一方面经历着现代文明的洗礼，既培养了他对文学的浓厚兴趣，又培育了他喜欢探索的反叛意识。

1905年，科举制度废止，嘉定府开办了高等小学。1906年春，郭沫若以优异的成绩考入了嘉定府高等小学堂。因为科举初停，所以当时有不少年老童生投考高等小学，在学校录取的学生中，三十岁上下的成年人占了半数以上。尽管郭沫若的年龄在同学中是最小的，但由

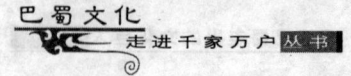

于天资聪明，加之在家塾里奠定了比较深厚的旧学和新学根底，第一学期考试的成绩就名列前茅。这使那些年岁大的同学十分嫉妒，以不堪入耳的侮辱相加，还在学校掀起了"撕榜风潮"。当时，学校的先生不仅不制止，反而以郭沫若端午节请过一星期假为名，扣分压名次，将他从第一名降到第三名。这件事，对少年郭沫若纯真的心灵，是一个很大的打击。他说："这件事对于我一生是第一个转扭点，我开始接触了人性的恶浊面。我恨之深深，我内心的叛逆性便被培植了。"（《我的学生时代》，《沫若文集》第7卷）第二学期，郭沫若带领同学，抗议学校废除星期六的半日休假制度，掀起了罢课风潮，结果遭到了学校的斥退。后来，经他父亲的多方周旋，才勉强保留了学籍。由此可见，在高小读书期间，郭沫若就是一个不愿随俗的具有叛逆性格的少年。但另一方面，他却在帅平均老师的引导下，读了很多书。他通读了《史记》。《史记》中的《项羽本纪》、《伯夷列传》、《屈原列传》、《廉颇蔺相如列传》、《信陵君列传》、《刺客列传》等，都是他非常喜欢的文章。他不仅喜欢太史公的笔调，而且特别向往太史公笔下那些"富有生命"的人物。特别是屈原，给他留下了深刻的印象，使他不仅领悟到诗应该如何作，还明白了人应该如何做。

1907年秋天，郭沫若升入嘉定府中学。嘉定府中学是新式学堂，但教职员十分平庸，无法满足郭沫若强烈的求知欲。唯有教历史的黄经华先生上课，才使郭沫若感兴趣。黄经华是经学大师廖平的高足，也是嘉定府中学堂中著述最多、最有学问的一位先生。他的教学方法与众不同，他讲古史，并不局限于历史，经常就《尚书》、《春秋》、《国语》等书中的文字进行考证和辨析，郭沫若后来研究历史的方法，好多都是从黄经华先生这里学来的。郭沫若说黄经华先生："教的是《春秋》，就是根据廖平先生三传一家的学说，他很有把孔子宗教化的倾向，他说唐虞都是假的，'六艺'都是孔子的创作，都是所谓托古改制。为什么《左传》里面有孔子以前的口中引证的'六艺'的文字？他说这便是孔门的有组织有计划的通同作弊了。他怕空言无益，所以才借重于外，托诸古人，又怕别人看穿了他的伪托不信任他，所以才自我作古的假造出许多历史。他这种见解在当时是很新鲜的。"（《我的童年》，《沫若文集》第6卷）郭沫若后来治学敢于大胆怀疑，自创新说，无疑受到过黄经华先生的影响。在嘉定府中学时期，郭沫若还以崇拜的心情读章太炎的《国粹学报》、梁任公的《清议报》，醉心于林琴南翻译的《迦茵小传》、《茶花女遗事》、《撒喀逊劫后英雄略》等。这些具有民主主义思想的读物，都对少年郭沫若思想和志趣的形成，有着深刻的影响。1909年10月，嘉定府中学学生和营防军闹事，学校当局采取高压手段镇压，一次就开除了8名学生。闹事时，郭沫若并未在场，但由于他事后主持正义，支持闹事的学生，便一起被斥退了。这是郭沫若上学以来第二次遭斥退。

　　1910年春，郭沫若到成都继续中学学习。成都是郭沫若憧憬多年的地方。但到成都高等学堂分设中学不到两个礼拜，他的美好憧憬就幻灭了。他发现成都学府和嘉定府中学一样，依然是"鲁卫之政"！"一样是一些做

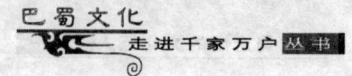

官的教职员,一样是一些骗文凭的学生。为我们讲经学的一位鼎鼎大名的成都名士,只拿着一本《左传事纬》照本宣科;国文是熬来熬去的一部《唐宋八大家文》;历史呢,差不多就只是一个历代帝王的世系表和改元的年号表。这是国学一方面的东西,严格说起来,连我们嘉定府中学的有些先生都还赶不上。关于新学方面呢?真是同样的可怜!讲理化、数学的教员们连照本宣科的能力都没有,讲浅显的教科书都读不断句。"(《我的学生时代》,《沫若文集》第7卷)面对这种现状,郭沫若失望而且悲愤。他痛恨中国为什么这样不长进,中国的所谓教育家为什么要欺骗国家,误人子弟!他当时认为,中国不富不强的原因在于清政府的软弱无能,只要把清政府推翻,中国便可以由第四等的弱国一跃而成为世界第一等的国家。因此,他很快地接受了以孙中山为代表的中国革命民主派的主张,十分崇拜邹容、徐锡麟、秋瑾、温才生等革命烈士。这些英雄人物,激起他一种不可言状的憧憬,"富国强兵"的思想烈火,在他心中燃烧起来了。

1910年10月,天津掀起了一次国会请愿,有三四千的群众向直隶总督请求代奏,同时还组织了一个国会请愿同志会,计划以全国学校总罢课作为要求的后盾。这次风潮,也席卷到四川,成都各学校纷纷派出代表,组织请愿团,提出三条要求:(1)要求明年开设国会;(2)要求四川总督代奏;(3)一律罢课,不达到目的,誓不复课。郭沫若是成都高等学堂分设中学的代表之一,他积极参加了请愿活动。但请愿活动失败了,郭沫若又一次遭到了学校的斥退。

1912年郭沫若（左二）与小学时期同学李茂根（右一）、张其济（右二）、吴尚之（左一）等在成都合影

1911年夏，他参加了轰轰烈烈的四川保路爱国运动。同年10月，武昌起义和全国各地的革命运动，推翻了清政府，结束了几千年的帝制，建立了共和国。这一伟大的历史事件，令郭沫若欣喜若狂。他带头剪去了头上的辫子，振臂高呼："万岁！革命成功万岁！"还写了不少旧体诗和对联，表达了对革命的赞颂之情。其中，有一首《咏牡丹》：

绝代豪华富贵身，艳色娇姿自可人。
花国于今非帝制，花王名号应图新。

在他单纯的心灵里，以为清王朝溃灭了，帝制废除了，富国强兵的图新愿望就可以实现了。但是，严酷的现实使他美好的愿望很快就破灭了。四川独立后，兵匪四起，军阀混战。早年崇尚的富国强兵，变成了国未富而兵先强的事实。面对令人心寒的时局,郭沫若又一次陷入了焦躁和苦闷之中,发出了"伤心国事飘摇甚,中流砥柱仗阿谁"的感叹。

此时,中国的历史处在悲剧性的混乱之中。郭沫若的个人婚姻,也演出了一场悲剧。郭沫若本来在10岁以前就订了婚,但他14岁时,女方就病故了,解脱了这桩旧式婚约,郭沫若如释重负。但到1912年,郭沫若20岁时,又由父母做主,叔母做媒,与苏溪场的张家姑娘定了亲。郭沫若起初不同意,在父母的良言劝告下,终于答应了这门亲事。但结婚后,感到极度失望。他天天想着离开家,离开四川。那时,他最理想的目标是游学欧美,其次是日本,再其次是平津上海。母亲舍不得让他走远,但由于郭沫若婚姻上的失意,她深感内疚,觉得对不起儿子。因为在婚前,母亲也未曾见女方一面,只听信媒妁之言,便替儿子定下这门亲事,铸成了大错。郭沫若在婚后离家的时候,母亲送他上船,船起航时,母亲还站在岸上呼唤他:"八儿,你要听娘的话。娘已经老了,你不要又跑到外洋去吧!"听着母亲的呼唤,郭沫若也禁不住潸然泪下。他在船上写了几首诗,其中有一首《休作异邦游》,反映了郭沫若当时矛盾苦闷的心情:

郭沫若的第一次婚姻(郭沫若与张琼华)

阿母心悲切，送儿直上舟。
泪枯惟刮眼，滩转未回头。
流水深深恨，云山叠叠愁。
难忘江畔语，休作异邦游。

留学日本时的青年郭沫若

1913年6月，郭沫若考入天津的陆军军医学校。学军医并不是郭沫若的志愿，但这所学校是官费，可以借道离开四川。到天津后，还没有等到学校开学，他便离开了学校到北京找大哥去了，他想游学欧美或者日本。半年后，大哥决定让他到日本去留学，多年来追逐的愿望终于实现了。这是郭沫若人生的第二个转折点。

二、初出夔门

1913年末，郭沫若怀着兴奋的心情，乘火车离开了北京，路经朝鲜，于1914年1月13日到了日本的东京。

离开北京时，大哥给他筹集了半年的学费，希望半年后他能考上官费的学校。郭沫若到日本后，努力学习日语和补习其他课程，半年过后就以优异的成绩，考入了的东京一高特设预科班。郭沫若非常高兴,考试一结束,就邀请几个朋友,到房州的北条去海浴。在幽美的月夜,轻舟荡漾,饮酒畅情,写诗抒怀:

镜浦平如镜,波舟荡月明。
遥将一壶酒,载到岛头倾。

1914年郭沫若和在日本的四川同学合影

郭沫若陶醉在异国海域的风光美景中,望着朦胧的海面上陈列的一艘艘军舰,想起了苦难的祖国:

飞来何处峰,海上布艨艟。
地形同渤海,心事系辽东。

郭沫若从离开祖国,踏上日本国土的那一刻,就尝到了民族歧视和侮辱的痛苦。1915年5月,袁世凯与日本签订了丧权辱国的"二十一条",郭沫若和一些爱国学生一起,为国家前途命运担心,愤然返回祖国请愿。

当时,他曾写了一首七律,慷慨明志:

> 哀的美顿书已西,冲冠有怒与天齐。
> 问谁牧马侵长塞,我欲屠蛟上大堤。
> 此日九天成醉梦,当头一棒破痴迷。
> 男儿投笔寻常事,归作沙场一片泥。

诗中抒发了郭沫若内心的愤懑,表明了他投笔从戎,与侵略者决一死战的决心。然而仅凭一腔热血,岂能施展宏愿。郭沫若在上海的客栈里待了三天,失望之极后,又匆匆地跑回日本。

回到日本后,民族的郁积,个人的郁积,使郭沫若陷入极度的苦闷之中。他说:"民国五六年的时候,正是我彷徨不定而且最危险的时候,有时候想去当和尚。每天只把庄子、王阳明和《新旧约全书》当作日课诵读,清早和晚上又要静坐。"(《泰戈尔来华之我见》,《文艺论集》,人民文艺出版社,1979年)把他从这种抑郁苦闷状况中救出来的,是日本少女佐藤富子。1916年夏天,郭沫若生病住院。在日本东京的圣路加医院,郭沫若认识了年仅22岁的看护佐藤富子。佐藤富子比郭沫若小3岁,是一位笃信基督教义,极富有爱心和同情心的姑娘。她的父亲是牧师,母亲出身于日本士族家庭。郭沫若对她一见钟情,写了一百多封情书追求,富子小姐也被郭沫若横溢的才华征服了,两人真诚地相爱,陶醉在幸福的爱情中。那时候,日本是强国,中国是弱国,一般的日本姑娘根本看不起中国人,更不会嫁给中国男人,但富子小姐完全没有这种帝国偏见,她不顾家人和士族的反对，毅然辞去工作与郭沫若同居。在郭沫若的眼中，这位少女就像圣母玛丽亚，脸上总有圣洁的光辉在闪耀。他还用托尔斯泰小说主人翁的名字称呼她，这就是后来大家都熟悉的"安娜"。与安娜结合，使郭沫若爆发了诗情，"民国五年的夏秋之交有和她的恋爱发生，我的作诗的欲望才认真地发生出来。《女神》中所收的《新月与白云》、《死的诱惑》、《别离》、《维奴司》，都是先先后后为她而作的"（《我的作诗经过》，《沫若文集》第11卷）。

佐藤富子（郭安娜）

郭沫若在东京预备班肄业后，被分配到冈山第六高等学校。当时日本的高等学校，规定预科三年。学习的课程，除基础课外，还要学几种外国语。在冈山学习期间，郭沫若抱着振刷国家的志向，奋发学习。他在家书中写道："想古时夏禹治水，九年在外，三过家门而不入；苏武使匈奴牧羊，十九年馑饩冰雪。男思习一技之长，留学期间……无夏苏之苦……敢不深刻自勉，直收厥成。"1916年12月27日在谈到读书时，他对弟弟郭开运有共勉之语："国家积弱，振刷须材，年少光阴，瞬间即逝……日中必饗，操刀必割，步不奋力，老大徒悲……任重而道远，能以为己任，不亦重乎。"1918年4月12日，他在给家里的信中又写道："现在国家弱到如此地步，生为男子，何能使不学无术，无一筹以报国也。"由于郭沫若学习目的明确，学习非常刻苦，数理化和外语成绩都很好，尤其是数学，在全班名列前茅。

1918年秋季，郭沫若考入了福冈的九州帝国大学医学部。他选择医学的目的，是想学点实际本领来报国济民。他说："那时的口号是'富国强兵'，稍有志趣的人，谁都想学点实际的学问来把国家强盛起来，因而对于文学有一种普遍的厌弃。我自己是在这种潮流之下，逼着离了乡关，出了国门，虽然有倾向于文艺的素质，却存心要克服它。这就是我所以要学医的原故。"（《创造十年》，《沫若文集》第7卷）尽管郭沫若选择了实业救国，但怎么也放不下对文学的爱好。由于学习外语的关系，他与外国文学发生了密切联系。

首先接触的是印度诗人泰戈尔，那种清新、纯粹、冲淡的诗风，一下子把郭沫若吸引住了，他成了泰戈尔的崇拜者。郭沫若在后来谈到自己的诗歌创作时，回忆道："那清新和平易径直使我吃惊，使我一跃便年轻了二十年！当时日本正是泰戈尔热流行着的时候，因此我便和泰戈尔的诗结了不解缘，他的《新月集》、《园丁集》、《吉檀伽利》、《爱人的赠品》……我都如饥似渴地买来读了。在他的诗里面我感受着诗美以上的欢悦。"（《我的作诗的经过》，《沫若文集》第11卷）在接触泰戈尔之后不久，他又阅读了歌德、海涅、雪莱等著名诗人的诗作。因为喜欢泰戈尔、歌德这些诗人，郭沫若便在哲学上接受了泛神论思想。

泛神论是16世纪荷兰哲学家斯宾诺沙提出并风靡当时欧洲的一种哲学思潮。其思想核心，是主张一切自然界的事物和存在都是神,万事万物都不是由外在之神创造的。强调物我合一,自己主宰着自己,而不受"天帝"和"人帝"的支配。这种抹杀上帝和人君的思想,显然具有鲜明的反封建意义。郭沫若由读泰戈尔诗,接近了印度古代《乌邦尼塞德》的思想;由读歌德诗,了解到斯宾诺莎的泛神论,几乎读遍了斯宾诺莎的全部哲学著作。早在中学期间,郭沫若就喜欢读庄子,"不仅喜欢他的文辞,而且还迷恋过他的思想"。接触了泰戈尔、歌德等人的诗歌后,他把庄子崇尚自然的思想,与西方的泛神论融为一体。他的理解是:"泛神便是无神。一切的自然都是神的表现,自我也是神,一切自然都是自我的表现。人到无我的时候,与神合体,超绝时空,而等齐生死。人到一有我见的时候,只看见宇宙万汇和自我之外相,变灭无常而生死存亡的悲感。万物必生必死,生不能自持,死亦不能自阻。"(《〈少年维特之烦恼〉序引》,《郭沫若全集》文学编第 15 卷)如此精辟的阐述,说明泛神论的哲学对郭沫若产生的深刻影响,成为他反抗黑暗现实,追求美好理想的一种武器,也是他早期诗歌,表现出冲破一切封建藩篱的豪迈气概的原因。

正当郭沫若醉心于泛神论的时候,俄国十月革命爆发了。随着"阿芙乐尔"的炮声,十月革命的思想,很快就传到了世界各地,这给深处异国,饱受屈辱,探索救国之路的爱国青年以极大的振奋,使他们看到了新社会的曙光。郭沫若后来回顾当时的情景时说:"应该感谢十月革命,它唤起了当年的青年,我也是其中的一个,对于这新社会生出了作进一步了解的要求。"1919

年,"五四"爱国运动爆发,反帝爱国的热潮很快在日本留学生中蔓延开来,他们以高涨的爱国热情,投入到这场伟大的运动中。1919年6月,郭沫若和几个中国留日同学在福冈组织了一个爱国小社团,取名"夏社"。他们自己出资购置了油印工具,搜集日本报刊上的仇华消息,翻译后油印寄给国内的学校和报馆,进行反对日本的宣传。

为了得到国内的消息,夏社订了一份上海出版的《时事新报》,这是郭沫若经常阅读的报纸。这个报纸有一副刊《学灯》,经常发表反映新思潮的文艺作品。他在《学灯》上看到了康白情的一首诗,一反旧诗的程式,语言清新明白,他十分惊奇,原来这就是新诗!他想:自己也作过这样的诗,不是也可以拿来发表吗?于是,他就把自己写的《抱和儿浴博多湾中》和《鹭鸶》两首诗寄给《学灯》。不过十天,两首诗居然被刊登出来。看见自己的作品第一次成了铅字,真是有说不出来的陶醉。郭沫若发表这两首诗,署名为"沫若"。"沫若"是他故乡的两条大河的古称:一条是大渡河,古称沫水;一条是青衣江,古称若水。把两条大河联在一起,当作名字,是对故乡的怀念。此后,郭开贞这一名字,就逐渐被湮没了。

《学灯》编辑宗白华,认为郭沫若的诗大胆奔放,充满火山爆发式的激情,能深深打动人,就鼓励郭沫若继续给《学灯》投稿,"一有新作,就请寄来",这极大地激励了郭沫若作诗的兴趣。这时,他又拜读了美国大诗人惠特曼的《草叶集》,惠特曼那种雄浑豪放的诗风,立即把他吸引住了。郭沫若的诗兴被煽发到了发狂的地步,使他"个人的郁积,民族的郁积,在这时候找出了喷火口,也找出了喷火的方式"。

三、时代诗人

1919年下半年到1920年上半年,郭沫若进入了一个诗的创作爆发期,几乎全部课余时间,都沉浸在新诗的意境里。郭沫若当时念书的九州帝国大学,位于九州岛北端的博多湾海岸。沿着海岸,有几里长的大松原,像一道森林围墙,与之相映的是一片白茫茫的沙滩。这里淡抹幽静,景色宜人。郭沫若经常在黄昏或早晨,步行博多湾去踏歌。每当他有新作产生时,一个人独自奔走在博多湾畔,手舞足蹈,旁若无人地高声诵读自己的新作。那时候,他"差不多是狂了",几乎"每天都有诗兴来猛袭"。诗情不断冲击着他,有时就好像得了热病一样,作寒作冷,提笔战颤着写不成字;有时独自到僻静的地方,踱来踱去,完全陷入诗的境界。诗兴袭来,他激动得像一匹奔马;感情平静下来,又好像一只死了的河豚,僵卧在床上,动弹不得。有一次,上午在学校的课堂里听课的时候,突然有诗意袭来,便在抄本上东鳞西爪地写出了那诗的前半;在晚上行将就寝的时候,诗的后半的意趣又袭来了,伏在枕上用着铅笔只是火速地写,全身都有点作寒作冷,连牙关都在打战。就这样,他完成了在《学灯》上连续登载了两个整版的长诗《凤凰涅槃》,用"凤凰满五百岁后,集香木自焚,复从死灰中更生,鲜美异常,不再死"的神话故事,来表达对祖国新生的渴望。诗中的凤凰在自焚之后高唱:

> 我们更生了,
> 我们更生了,
> 一切的一,更生了。
> 一的一切,更生了。

"五四"运动以摧枯拉朽、所向披靡的力量冲击着封建旧传统,苦难的中国像更生的凤凰一样,获得了新生。诗人郭沫若自己也在狂飙突进的"五四"浪潮中获得了更新。他写下了许多时代的诗篇。诗集《女神》就是他这时期创作的结晶。

《女神》出版于1921年8月。《女神》的书名,来源于19世纪德国作家斯托姆的名著《茵梦湖》。1919年郭沫若和在日本一起学习的钱君胥,翻译了斯托姆的《茵梦湖》。这部作品,通过一对青年男女对爱情的幻想、追慕,反映了资产阶级革命初期所宣扬的平等、自由和博爱的精神。书中有一首这样的主题诗:"此处山之涯,风声寂无闻,树枝低低垂,阴里坐斯人。……远闻杜鹃笑,笑声彻我心;伊眼眼如金,森林之女神。"郭沫若借用《茵梦湖》主题诗之意,取名"女神",就是要歌颂平等、自由、博爱的思想。

《女神》共收入56篇作品,分为三集。第一集3篇,是歌德式的诗剧,有《女神之再生》、《湘累》、《棠棣之花》,都取材于历史。第二集《凤凰涅槃》等30篇,是惠特曼式的,充满着火山爆发式的激情和狂飙突进的时代精神。第三集《别离》等23篇,是泰戈尔式的,大部分是表现作者内心世界的抒情诗。《女神》出现于1921年的诗坛上,犹如黑暗中的一把火,暮天中吹响了雄壮的号角。正如周扬评价所说,郭沫若的《女神》"比谁的诗都出色地表现了'五四'精神……在内容上表现自我,张扬个性,完成了所谓人的自觉,在形式上,摆脱旧诗格律的镣铐而趋向自由诗,这就是当时所要求于新诗的。这就是'五四'精神在文学上的爆发"。(周扬《郭沫若和他的女神》)

《女神》在思想内容上是极其丰富的。

首先,《女神》洋溢着诗人炽热的爱国主义热情。"五四"以后的中国,在郭沫若心目中,"就象一位葱俊的有进取气象的姑娘",犹如"爱人一样"。诗人写了许多诗篇,表达了对祖国的深厚感情。在1920年写的《炉中煤》里,诗人把祖国比作一个自己爱恋的"年青的女郎",把自己比作炉中煤,表达的是:

> 眷念祖国的感情
> 啊,我年青的女郎!
> 我不辜负你的殷勤,
> 你也不要辜负了我的思量。
> 我为我心爱的人儿,
> 燃到了这般模样!
>
> 啊,我年青的女郎!
> 你该知道了我的前身?
> 你该不嫌我黑奴鲁莽?
> 要我这黑奴的胸中,
> 才有火一样的心肠。

啊，我年青的女郎！
我想我的前身，
原本是有用的栋梁，
我活埋在地底多年，
到今朝才得重见天光。

啊，我年青的女郎！
我自从重见天光，
我常常思念我的故乡
我为我心爱的人儿，
燃到了这般模样！

这是郭沫若献给祖国的恋歌。正如诗人自己所说："'五四'以后的新中国，就象一位很葱俊的有进取气象的姑娘。她简直就和我的爱人一样。"《炉中煤》的副标题是"眷念祖国的情绪"。诗人用"炉中煤"这个新颖而贴切的比喻，表达自己对祖国的热爱，构思非常精巧。"炉中煤"——火红、炽热、旺盛、熊熊燃烧，恰如其分地表现了诗人对祖国强烈炙热的感情；"炉中煤"——将自己燃烧成灰，奉献火与热，淋漓尽致地抒发诗人愿为祖国新生，殒身不恤的献身精神。"年青女郎"自然贴切地表达了诗人对经过五四运动洗礼的祖国新气象的认识。从抒情的角度看，更易于抒发炽热、奔放的情感。诗人奉献的，诗中跳动着的，是炎黄子孙一颗颗滚烫的赤子之心，极具代表性。这样的艺术构思，显然与"五四"之后狂飙突进的思潮和诗人本身的浪漫气质分不开。

在诗剧《女神之再生》、《棠棣之花》和《湘累》中,诗人通过历史题材塑造的人物,表达了自己愿意为国献身的精神。在《棠棣之花》里,诗人通过聂荌之口,抒发了自己"报国济民"的伟大抱负和意愿。

去吧,二弟呀,
我望你鲜红的血液,
迸发成自由之花,
开遍中华!
二弟呀,去吧!

在《晨安》中,诗人站在博多湾上,控制不住内心汹涌澎湃的激情,一口气向"年青的祖国"、"新生的同胞"、"浩浩荡荡的南方的扬子江"、"冻结着的北方的黄河"、"万里长城"、"雪的旷野"、"雪的帕米尔"、"雪的喜马拉雅"……一口气喊出了二十七个"晨安"。青年郭沫若的感情实在是太强烈了!他的心火团般燃烧,处在心灵的峰巅之上,胸膛里卷过一阵阵狂烈的旋风,他的内心失去了平衡。正如他所说:"我几乎每天都在诗的陶醉里。""从早起来,我的脑袋便成了一个灶头;我的眼耳口鼻就好像一些烟筒的出口,都在冒着烟雾,飞起火星,我的耳孔里还烘烘地只听着火在叫;灶下挂着一个土瓶——我的心脏——里面的血水奔腾着好像干了一般,只迸得我的土瓶不停地跳跳跳。在当时我自己的生理状况就是这样。"(《创造十年》,《沫若文集》第7卷)

其次,《女神》强烈地诅咒黑暗,呼唤光明,表现了"五四"的时代精神。《女神》中歌颂叛逆和反抗,歌颂破坏和创造的诗篇，占着很重要的位置。诗人在《立在地球边上放号》这首诗里，发出了"不断的毁坏，不断的创造，不断的努力哟"的叫喊，召唤人们毁坏黑暗的现实，建立一个崭新的世界。在1919年9月写的《浴海》一诗里，郭沫若高声地呼唤：

> 太阳的光威
> 要把这金宇宙来熔化了！
> 弟兄们！快快！
> 快也来戏弄波涛！
> 趁着我们的血浪还在潮，
> 趁着我们的心火还在烧，
> 快把那陈腐了的旧皮囊，
> 全盘洗掉！
> 新社会的改造
> 全赖吾曹！

在《凤凰涅槃》里，诗人借天方古国神鸟凤凰集木自焚，在死灰中更生的故事，把这种毁坏和创造的精神，表现得最充分、最深刻。全诗共分序曲、凤歌、凰歌、凤凰同歌、群鸟歌、凤凰更生歌，这六个部分。

"序曲"描绘了凤凰自焚前的悲壮情景，它们齐集香木，在轻缓的起舞和悲壮的歌声中，走向的死亡和毁灭。诗人把埃及、印度、中国关于神鸟的传说融于一体，以宗教祭祀仪式为框架，开始了一曲凤凰自焚，死而重生的悲壮歌舞。

"凤歌"和"凰歌"是凤凰自焚前的歌唱，对黑暗抒发出了最猛烈的诅咒和控诉，表现了"凤凰"与旧世界彻底决裂的决心。

> 我们飞向西方，
> 西方同是一座屠场。
> 我们飞向东方，
> 东方同是一座囚牢。
> 我们飞向南方，
> 南方同是一座坟墓。
> 我们飞向北方，
> 北方同是一座地狱。
>
> ……
> 五百年来的眼泪倾泻如瀑。
> 五百年来的眼泪淋漓如烛。
> 流不尽的眼泪，
> 洗不净的污浊，
> 浇不熄的情炎，
> 荡不去的羞辱，
> 我们这缥缈的浮生，
> 到底要向哪儿安宿？
> ……

"群鸟歌"是岩鹰、孔雀、鸱枭、家鸽、鹦鹉、白鹤聚集在一起，观看凤凰自焚的歌唱。它们各怀私心、幸灾乐祸地嘲笑，无法理解凤凰对黑暗现实的彻底否定，这种平庸与世俗，反衬出凤凰的不平凡。

"凤凰更生歌"热情地歌颂光明华美的新世界。凤凰自焚之后获得了新生。光明重现,宇宙复苏,旧的灭亡,新的生长。诗人面对烈火中更新的世界,心情无比欢快。

> 我们新鲜,我们净朗,
> 我们华美,我们芬芳,
> ……
> 我们热诚,我们挚爱。
> 我们欢乐,我们和谐。
> ……
> 我们生动,我们自由,
> 我们雄浑,我们悠久。
> ……
> 我们欢唱,我们翱翔。
> 我们翱翔,我们欢唱。
> ……

诗人曾说:"光明之前有混沌,创造之前有破坏。新的酒不能盛容于旧的革囊。凤凰要再生,先要把尸骸火葬。我们的事业,在目下混沌之中,先要从破坏做起。我们的精神为反抗的烈火燃得透明。"可见,贯穿在《女神》中的破坏与反叛的精神,正是和创造与理想,紧紧地融合在一起的。

第三,《女神》表现了强烈的个性解放要求,塑造了抒情主人翁的"大我"形象,体现出鲜明的时代特征。《女神》中的叛逆和反抗,几乎全是通过抒情主人翁的"自我"去表现的。郭沫若是最喜欢歌唱"自我",而且也是最善于歌唱"自我"的诗人。在《女神》中,到处都站立着一个巨大的"我",它像"烈火一样地燃烧",像"大海一样地狂叫",像"电气一样地飞跑"。在诗剧《湘累》中,诗人借助屈原之口,大声疾呼:"我的诗便是我的生命!……我效法造化底精神,我自由创造,自由地表现我自己。我创造尊严的山岳、宏伟的海洋,我创造日月星辰,我驰骋风云雷雨,我萃之虽仅于我一身,放之则可泛滥乎宇宙。"郭沫若把"我"抬到了至高无上的地位。"这个自我占据了宇宙的中心,不,简直就是宇宙,宇宙的真宰。"

在《天狗》一诗中,他勇猛地战叫:

> 我是一条天狗呀!
> 我把月来吞了,
> 我把日来吞了,
> 我把一切的星球来吞了,
> 我把全宇宙来吞了。
> 我便是我了!

这种气吞宇宙,囊括一切的自我力量,体现了"五四"反帝反封建的时代精神。郭沫若犹如一个巍然屹立的巨人,他"脚踏在喜马拉雅山,身披白云,沐着晨风,俯瞰着江河海洋,长城旷野,呼唤着年轻的中国,先驱的俄罗斯,东方的民族,呼唤着大西洋畔和它的开国者,呼唤着民族解放的诗人战士,赞美古今中外一切真正的匪徒!"(周扬《郭沫若和他的〈女神〉》)

第四,《女神》以自然万物作为抒情的对象,描写和赞美自然。如《我是个偶像崇拜者》一诗,诗人连连高呼:"我崇拜太阳,崇拜山岳","崇拜水,崇拜火,崇拜火山,崇拜伟大的江河";"崇拜生,崇拜死,崇拜光明,崇拜黑夜";"崇拜苏彝士、巴拿马、万里长城、金字塔"……自然界中存在的一切,他都以热烈地情感加以描写和颂赞。

诗人所以尽情地描写和赞美自然,显然是受了泛神论的影响。泛神即一切皆神,泛神否定了神的存在,这对于信奉上帝,具有神本主义传统的欧洲人无疑起到了惊世骇俗的反封建作用。郭沫若接受泛神论的基本原理,与庄子思想融合,认为:"自然是为一神之表现。自然便是神体之庄严相"、"本体即神,神即自然"、"天地与我并生,万物与我齐一"。

在歌颂自然的诗篇中,诗人特别喜欢赞颂自然界中那种常动不息的力量。如《立在地球边上放号》:

无数的白云正在空中怒涌,
啊啊!好幅壮丽的北冰洋的晴景哟!
无限的太平洋提起他全身的力量来要把地球推倒。
啊啊!我眼前来了的滚滚的洪涛哟!
啊啊!不断的毁坏,不断的创造,不断的努力哟!
啊啊!力哟!力哟!
力的绘画,力的舞蹈,力的音乐,力的诗歌,力的律吕哟!

在《光海》中,诗人通过丰富的想象,将自然与我融为一体,无限地扩大了诗的容量和境界。

> 无疆的大自然,
> 成了一个光海了。
> 到处都是生命的光波,
> 到处都是新鲜的情调,
> 到处都是诗,
> 到处都是笑:
> 海也在笑,
> 山也在笑,
> 太阳也在笑,
> 地球也在笑,
> 我同阿和,我的嫩苗,
> 同在笑中笑。

在这里,我们可以看到,《女神》中的泛神论思想,与强烈的个性解放要求融为一体,不仅在思想内容上成功地反映了"五四"的时代精神,而且在艺术上也具有独创性,是我国现代文学史上一部开时代风气的新诗集。正如闻一多所说:"若讲新诗,郭沫若君的诗才配称新呢,不独艺术上他的作品与旧诗词相去最远,最要紧的是他的精神完全是时代的精神。——二十世纪的精神。有人讲文艺作品是时代底产儿。《女神》真不愧为时代底一个肖子。"(闻一多《女神之时代精神》,《闻一多全集》第3册)

《女神》是中国现代文学史上第一部浪漫主义诗集。浪漫主义强调作家的主观性,突出作家自身的感情和愿望,而这些又往往通过奇特丰富的想象去完成的。浓郁的浪漫主义色彩,是《女神》在艺术上最显著的特色。《女神》的浪漫集中体现了郭沫若独特的艺术个性,可称之为"郭沫若式"的浪漫。

首先是奇特的想象。诗人通过丰富的想象,鲜明而生动地表达了诗人独特的主观世界,塑造了独一无二的"自我"形象。诗人将艺术的触角伸向广阔的天地,宇宙万物、日月星辰、风云雷电、草木飞禽、山岳海洋、人类历史、神话传说、现代社会、科学文明……统统奔入笔底,构成极其壮阔的艺术境界。在那里,大自然被充分人化,地球成了有生命的母体,夕阳和大海是一对恋人,神话题材被赋予新的意义。如诗剧《女神之再生》、《湘累》、《棠棣之花》以及长诗《凤凰涅槃》等,诗人不是简单地描写神话和历史,而是在这些题材里熔铸进新的生命。正如他自己所说:"我要借古人的骸骨来,另行吹嘘些生命进去",将历史人物注入现代思想,目的是"借着古人的皮毛来说自己的话"。《凤凰涅槃》借用凤凰的传说,生动地表达了诗人渴望祖国新生的理想和愿望;《女神之再生》中,借助神话传说,"象征着当时中国的南北战争,共工是象征南方,颛顼是象征北方,想在这两者之外建设一个第三个中国——美的中国"。这些作品洋溢着理想主义的色彩,展现出一片优美动人的艺术境界,千古如同一瞬,万物合为一体,一切现实的局限都不复存在,一个永恒无限的宇宙出现在我们眼前,使人获得一种摆脱一切束缚的超越感、解放感。

其次是奔放的感情。郭沫若曾说:"我是一个偏于主观的人……我自己觉得我的想象力实在比我的观察力强……所以我便借文学来鸣我的存在";又说:"我又是个冲动性的人……我便做起诗来,也任一己的冲动在那里跳跃。我在一有冲动的时候,就好象一匹奔马……"诗人强烈的、丰富的、激昂的情绪在《女神》中表现得淋漓尽致。《天狗》的狂暴急促,《晨安》的昂扬激越,《炉中煤》的一往情深,《浴海》的欣喜欢畅,《湘累》的愤世嫉俗……总而言之,诗人按捺不住的情感以一种最直露的方式,带着一股原始的蛮力,直冲读者灵府,不必更多地咀嚼和思考,就能透彻地领悟到诗的真谛。语言在这里已经成为一个透明体,使人毫无遮拦地与诗的内容相撞,可以真切地感觉到诗人跳动的心脏,沸腾的热血。《女神》正是这样,通过诗人主观感情的奔腾驰骋,通过"自我"的诅咒、抗议、歌唱和呼唤,成功地反映了"五四"的时代精神。

《女神》在形式上的最大特点是自由、新颖和多样化。"五四"以前,旧体诗已走入绝境,把诗歌从旧形式的束缚中解放出来是必然趋势。当时有些诗人也作过一些新诗的"尝试",但并没有真正摆脱旧诗的束缚。《女神》的出现使人耳目一新,因为她在艺术形式上彻底打破了旧体诗词的格律,开创了"绝端的自由,绝端的自主"的新形式,这对于中国新诗的发展无疑是有开创性贡献的。郭沫若是最厌恶形式的人,他主张诗的创作,"绝端的自由,绝端的自主"。诗"贵在自然流露",要突出"自我表现"。他说:"我愿意打破一切诗的形式,来写自己能够够味的东西。"《女神》犹如一座花园,百花妍艳,气象万千。在体裁方面,既有新颖的诗剧,如《女神之再生》、《湘累》、《棠棣之花》,又有叙事诗和抒情诗,如《凤凰涅槃》;有短到三行的小诗,如《鸣蝉》,有的诗节长达十六行,有的诗句达二十九字之多,有的诗句只有二三字;在音节韵律方面,有的匀称和谐,或四行一节,如《地球,我的母亲》,或五行一节,如《炉中煤》,或两行一节,如《春之胎动》;有的则任凭感情的冲动,无拘无束,一泻滔滔,如《立在地球边上放号》;在艺术风格上,有的冲淡、隽秀,展示出一幅宁静安谧的意境,如《春愁》、《黄浦江口》,有的则雄浑、粗犷,似太平洋的波涛,汹涌澎湃,如《晨安》、《天狗》。

《女神》最充分地体现了郭沫若独特的诗风。在诗歌创作风格上,郭沫若把古今中外文学形式中,凡适合自己需要的都吸收进来,熔于一炉,形成了自己的鲜明特色。《女神》是一部深受外国文学影响的诗集。第一辑的诗剧,显然受到歌德的影响;第二辑的诗篇,则深深地打上了惠特曼雄浑豪放艺术风格的烙印,像怒海狂涛,滚滚奔流;第三辑中的许多篇章,包括那些描写爱情和自然风光的诗歌,我们可以清楚地感受到泰戈尔那种冲淡清新的风格,这些诗像清风煦拂,微波涟漪。郭沫若自己也说:"在我自己的作诗的经验上,是先受泰戈尔诸人的影响,力主冲淡,后来又受了惠特曼的影响,才奔放起来的。"但郭沫若毕竟是一位民族诗人,深受我国古典诗词和民间文学的熏陶。他在吸收外国文学营养的基础上,表现出自己特有的中国作风和中国气派。他曾说:"海涅的诗丽而不雄,惠特曼的诗雄而不丽。两者我都喜欢。两者都还不令我满足。"《棠棣之花》、《春愁》、《凤凰涅槃》等不少篇章,无论是取材还是提炼意象,明显地受着我国古代民歌和古典诗词的影响。《炉中煤》、《凤凰涅槃》、《地球,我的母亲!》等诗作的内在韵致,富有独特的艺术魅力,体现了郭沫若的创作个性。总之,郭沫若是在吸取中外优秀文学养料的基础上,形成的雄浑而瑰丽的独特风格。

无须讳言,艺术品的创造都是讲求形式美的,但郭沫若主张"自然流露为上乘",致使《女神》中,有些诗篇气势虽很磅礴,但内容显得浮泛;在雄浑壮丽的反叛和追求的交响乐中,又不时流露出孤独、寂寥,甚至颓丧的曲调。像《匪徒颂》、《我是个偶像崇拜者》等诗作,实在是太粗糙,太不讲究形式美了。《匪徒颂》各段句子基本相同,不过每段的后三行改动两个字,显得太单调了。《我是个偶像崇拜者》几乎是高腔大嗓地叫喊一通,不顾形式的和谐。事实上,当一部文学作品,以它深邃的思想,饱满的激情,丰富的智慧,鲜明的个性使你心灵震颤,引起你的情感强烈冲动时,往往再无暇顾及它的表现形式,《女神》正是这样的作品。郭沫若并非不讲究形式,而是他凭借灵感创作时,进入了一种半癫狂的精神状态,这种情况势必使他排斥一切妨碍感情表达的形式方面的考虑。郭沫若需要社会理解自己的心实在太强烈了!如果就形式而论,有的诗单调粗糙的确不假,但恰恰正是那些过分单调粗糙,才显出郭沫若别于他人的雄桀之姿,造成十分强烈的诗歌效果。

四、戎马书生

郭沫若在醉心新诗创作的同时,一直想办一个纯文学杂志。1921年4月,郭沫若从日本回到上海,与成仿吾筹划出版刊物,经过三个多月的努力,同年7月返回日本,与成仿吾、郁达夫、张资平等人,正式成立了创造社,率先在中国举起浪漫主义文学的旗帜,成为"五四"时期著名的文学团体。1922年5月,《创造》季刊出版,郭沫若成为创造社的主将,他把大量的时间和精力投入到了文学创作和文学活动中。

郭沫若与创造社同仁
(左起王独清、郭沫若、郁达夫、成仿吾)

1923年3月,郭沫若在九州帝国大学毕业了,获得了医学学士学位,这给安娜带来很大的希望。她盼望丈夫做医生,可以有固定的职业和收入,生活就有着落了。但郭沫若仍苦恋着创造社,把文学当做自己的生命，当做自己选择的报国之路。有人发来请帖，欲以三千日元聘他为医生，被他拒绝了。

1923年4月，郭沫若告别日本，带着安娜和三个孩子，回到阔别多年的祖国。到上海以后，他们并无栖身之处，只能凑合着在泰东图书局编辑所安身。成仿吾、郁达夫也都先后来到上海，他们一起投入到创造社的工作，又办起《创造》季刊的姊妹刊物《创造周报》。前者偏重于创作，后者偏重于翻译和评论。不久，又在上海《中华新报》上开辟了一个副刊，取名为《创造日》。这样，季刊、周刊、日刊全有了。这些刊物风行全国，吸引了大批进步青年。创造社的影响不断扩大，活动范围不断扩大，队伍也不断扩大，形成了创造社的全盛期。

当年创造社的刊物

郭沫若为办三个刊物勤奋地工作，自己撰写了不少诗文，在刊物上发表。他的声誉日隆，外界邀请他写文章、做报告，应接不暇。他为创造社献出了自己的全部精力，得来的收入却极其微薄。他们所依托的泰东图书局，从来没有给过固定的工资，只是给些零用钱，这样下去实难度日。恰在此时，他的大哥为他谋到了四川省立成都医院医务主任的职务，并派人把路费带到上海。他还是谢绝了。为此安娜与他吵了一架，他争辩说："当医生有什么用？我把有钱的人医好了，只会使他们多榨取几天贫民，我把贫民的病医好了，只会使他们多受几天富人们的榨取。叫我这样伤天害理地去弄钱，我宁可饿死！"安娜实在忍耐不下去了，便提出带孩子返回日本福冈。这样做，一来可以使丈夫专心从事写作，二来也是从生活考虑，到日本去实习产科，回来后或许可以稍补家计。1924年2月，郭沫若把安娜送到码头，看着她带着三个孩子离去，自己却无力使他们过上安定的生活，深感内疚。别离时刻，郭沫若面对滔滔的江水，一时泪如泉涌。

此时，创造社的事情也极不顺利。《中华新报》借口报馆经费困难，提出结束《创造日》。奋斗了3个月，出了101期的日刊《创造日》，不得不与读者告别。《创造》季刊也只坚持近两年，出了6期之后，因为经费问题停刊。迫于生计，郁达夫接受北京大学的聘书，去担任统计课的讲师，成仿吾也想去广州参加实际斗争。郭沫若在上海可做的事情不多了，他极端地困苦，感觉在上海多住一日就好像要窒息死了一样。在安娜离开上海不到两个月，他也告别上海，重赴日本福冈。

回到福冈，郭沫若的内心里仍然萦绕着创造社。然而一个月之后，《创造周报》也难以为继，不得不在它满一周岁时停刊了。刊物的停办，人员的离散，使创造社几乎停止了活动。郭沫若不得不面对现实为生计着想，最方便的选择是卖文为生。他开始翻译河上肇的著作。河上肇是日本早期著名的马克思主义经济学家，郭沫若在留学时就曾接触过他的著作，被他的论述所吸引。他所写的《社会组织与社会革命》一书，从经济学的角度论证了资本主义必然进入社会主义的历史规律，引起郭沫若极大的兴趣，下决心要把它翻译过来。当时，郭沫若在福冈的家，几乎一无所有，郭沫若就用一个皮箱当桌子，捡了一堆砖头磨了磨当砚台，手执毛笔，花了五十来天，把这20万字的书翻译出来。在翻译的过程中，凡是马克思、恩格斯、列宁的论述和材料，他都要将日文翻译与英、德、俄文对译，由此广泛地涉猎了一些马克思、恩格斯、列宁的原著。翻译的过程，实际上是一次对马克思主义理论的系统学习，郭沫若边读边译，常常为书中的精辟论述暗暗叫绝。同年8月，他在写给成仿吾的信中说："这书的译出在我一生中形成了一个转换期。"并认为"翻译的结果，确切地使我从文艺运动的阵营转进到革命运动的战线里来了"。

1924年11月，郭沫若又举家迁回上海。因为回到福冈的生活仍然非常困苦，原想靠译稿的钱维持生活，但出版社坚持要出书后才付给稿酬，他们一家连房租也交不起，只得搬出来，在六年前曾经住过的斗室安身。于是，郭沫若感到与其在异邦求生，终不如在故国比较安全一点。

郭沫若回国以后，年底受孤军社之邀，赴江苏宜兴调查，深感中国的贫困。1925年5月，发生了震惊中外的"五卅"惨案。惨案发生的时候，郭沫若正走在南京路附近，为了弄清当时的情况，他逆着惊恐的人群，挤到先施公司门口，从三楼窗口俯看下面，路口已被外国巡捕持枪围着，学生的尸体被抬走，路上的血迹很快被冲洗干净。目睹惨剧，激起了郭沫若的满腔愤怒，想写一个反映惨案的话剧，抨击黑暗现实。花了两周时间，写出两幕历史剧《聂嫈》：强烈的反帝爱国思想熔进笔端，姐弟生离死别，壮士为国捐躯，引发人们对黑暗势力的痛恨和诅咒。上海美专的学生把《聂嫈》公演了三天，郭沫若收入700元，尽管生活很困难，他还是把钱都捐给了上海总工会，支援工人的斗争。

1925年，经蒋光慈介绍，郭沫若认识了瞿秋白。1926年2月，又经瞿秋白推荐，郭沫若受聘于广东大学文科学长。这件事是由林祖涵（林伯渠）安排的，林祖涵当时是共产党员，担任国民党中央执行委员兼农民部部长。他派弟弟林祖同把聘书和路费带到上海，郭沫若欣然接受了。

1926年3月23日，郭沫若抵达广州。按照事先的约定，他当天就去拜访林祖涵。在林祖涵家的书房里，郭沫若第一次见到了毛泽东。毛泽东当时正在广州主持农民运动讲习所，他向郭沫若介绍了广东的革命形势。毛泽东低而委婉的声音，给郭沫若印象很深。后来，毛泽东又邀请郭沫若到广东农民运动讲习所作报告，还聘请他兼任第六届广州全国农民运动讲习所教员。

当时，广州是大革命的策源地，国共两党合作，工农革命运动蓬勃发展。广东大学共产党组织的活动，对学生影响很大，郭沫若结交了很多共产党人。周恩来应邀到广东大学演讲，与郭沫若相识，从此结下了半个世纪的深厚友谊。郭沫若曾提出加入共产党的要求，中共广东区委非常重视，专门做了研究，还委派广东区学生运动委员会书记恽代英与他谈话，建议他到实际斗争中加强锻炼。周恩来特地安排北伐军总政治部秘书长孙炳文出面，向北伐军总司令蒋介石和总政治部主任邓演达推荐郭沫若为总政治部宣传科科长。蒋介石正为人选而着急，立即同意，还让郭沫若兼任行营秘书长，军衔为上校。出征前，孙炳文为郭沫若饯行，并赠予"戎马书生"的徽号。郭沫若到广州仅仅四个月，人生道路却发生了重要变化。他从一个书生，一跃而成为北伐战士。他在北伐誓师大会上发出誓言："革命不成功，誓不回广东"。

1927年春，总政治部成员郭沫若（前左二）、李富春（前右一）、林伯渠（后左三）、李一氓（后左二）等在江西南昌合影

1926年7月，国民革命军十万人出师北伐，兵分三

路,向盘踞湖北、湖南的吴佩孚和江西、浙江、福建的孙传芳部进军。郭沫若跟随政治部一起出发,负责宣传、动员、组织群众活动等工作。他们从广州乘火车到韶关,然后跟随部队行军,一直步行到长沙。北伐军节节胜利,打到湖北后,叶挺独立团接连攻克汀

戎马书生的郭沫若(左一)

泗桥和贺胜桥,吴佩孚被迫退守武昌,北伐军攻打武昌城时,组织敢死队攻城,需要登城云梯,政治部接受了这项任务。郭沫若组织政治部的人,先到民间征购梯子和麻绳,再把两三个梯子为一组扎接起来,他自己也动手扎接了三四架梯子。北伐军攻下武昌时,郭沫若正在汉口组织群众大会,立即宣布了这一消息,出席大会的十万群众举旗欢呼,狂热的程度有如山呼海啸。快到黄昏的时候,活捉武昌守将刘玉春的消息传到汉口,他们马上印成传单散发,还用红字白布,把"刘玉春活捉了"几个字写在上面,挂在汽车上,一边往前开车,一边散发传单,整个汉口都沸腾起来了。

在部队前进的过程中,政治部主任邓演达经常与司令部住在一起,参与军事谋划,因此无暇顾及政治部的工作,政治部的很多事情都压到郭沫若身上。部队离开

长沙时，郭沫若已升任政治部秘书长，军衔晋升为少将。攻下武昌后，他又升为政治部副主任，军衔为中将。

部队攻克九江后，郭沫若被调到九江，攻下南昌后，又转赴南昌。当时，坐镇南昌的蒋介石多次对郭沫若说，"你无论怎样要跟着我一道走，文字上的事情以后多多仰仗你，到了长江下游，有多少宣传是要请你做的"。1926年除夕，总司令部设宴招待直属部队校以上军官，席间有人高呼"蒋总司令万岁"，蒋介石欣然接受，引起郭沫若的反感，并看出蒋介石有野心。1927年3月7日，赣州总工会委员长、共产党人陈赞贤被杀害。3月17日，九江国民党市党部和总工会被捣毁，打死打伤数人。3月23日，安庆又发生了国民党安徽省党部和各合法民众团体被暴徒袭击的事件。当郭沫若得知这一切都是蒋介石亲手策划以后，他决心脱离蒋介石，化名高浩然离开安庆，由水路转赴南昌，借住在二十军党代表朱德的家中。3月31日，他奋笔疾书，写下揭露蒋介石的檄文《请看今日之蒋介石》。

文章一开头就说：

蒋介石已经不是我们国民革命军的总司令，蒋介石是流氓地痞、土豪劣绅、贪官污吏、卖国军阀、所有一切反动派——反革命势力的中心力量了。

文章一一历数蒋介石的反革命行径，最后号召：

现在凡是有革命性、有良心、忠于国家、忠于民众的人，只有一条路，便是起来反蒋！反蒋！

　　文章在武昌《中央日报》上发表，并印成小册子，被广泛宣传。蒋介石对他恨之入骨，5月10日发出了《通知军政长官请通缉趋附共产之郭沫若函》，电文中说郭沫若"趋附共产，甘心背叛，开去党籍，并通电严缉归案惩办"。

　　革命形势急转直下。1927年4月，蒋介石在上海发动了"四一二"政变，疯狂屠杀共产党人和革命群众，南京路上，血流成河。接着又发生湖南的"马日事变"，武汉"七一五"政变。国民党的右翼势力全面反扑，一场大革命就像"放了一大串花炮，轰轰烈烈地过了一阵，只剩下满地残红，一片硝烟散了"。

郭沫若与周恩来、叶剑英、彭德怀

　　1927年8月1日，在周恩来、朱德、贺龙等人领导下，中国共产党举行了南昌起义，向国民党反动派打响了第一枪。4日晚，郭沫若与李一氓、阳翰笙等人到达

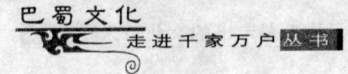

南昌,见到了贺龙、周恩来等人,大家高兴得拥抱起来。南昌起义时,郭沫若在九江任第四方面军政治部主任,南昌起义后,郭沫若被正式任命为中国国民党革命委员会委员、主席团成员、宣传委员会主席兼总政治部主任。这次起义,国民党反动派大为震惊,他们立刻调集兵力向南昌进攻。国民党中央党部下令开除南昌起义革命委员会委员的国民党党籍,并通缉拿办。起义部队决定南下广东,建立根据地,积蓄力量,待机再度北伐。5日,郭沫若随军南下,辗转潮州、汕头、流沙、神泉一带,经受了种种严峻的考验。9月初,起义军到达瑞金,由周恩来、李一氓介绍,郭沫若加入了中国共产党,入党宣誓在一所小学里举行,同时宣誓的还有贺龙。郭沫若在革命最低潮的时候加入中国共产党,表现出了一介书生的英雄气概。由于战斗失利,起义军决定将一批领导成员安排去香港和上海,余部到海陆丰去建立苏维埃政权。起义部队在广东普宁县的流沙附近被敌人打散,郭沫若与周恩来失去联系,在当地农会的帮助下,从神泉坐运货的帆船到达香港。11月初,郭沫若从香港回到上海。但上海并不是可以久留之地,国民党的报纸都登了通缉他的命令,还有悬赏三万元的赏格。在周恩来的安排下,决定让他全家去苏联。一切都筹划好了——搭乘苏联接领事馆撤退人员的船,从上海去海参崴,再转道去莫斯科。不想正在这时,郭沫若突然患了斑疹伤寒,被秘密送进日本人开的医院,在死亡线上挣扎了四个星期,差点丧命。出院后,去苏联的轮船早已出发了。

郭沫若躺在病床上接受治疗,身体慢慢地恢复过来。这期间,他写下了革命诗歌集《恢复》。经历了血雨腥风的洗礼，洋溢在诗中的旋律，不再是个性解放的呼喊，而是革命战士披荆斩棘的战歌。诗人怀着满腔的愤怒，揭露国民党右翼的血腥暴行，表达了革命者的不屈抗争和大无畏的牺牲精神。

　　病愈后，郭沫若在周恩来的关心和安排下，携全家去日本。1928年2月下旬，郭沫若化名吴诚，假借南京大学教授到日本东京考察教育之名，悄然登上日本邮船，离开上海。为了安全起见，郭沫若与家眷分乘不同的船先抵达神户，再乘火车到东京。此时，国民党特务已查到郭沫若的住处，正准备缉拿归案，幸好他已离开。

第二章　中华民族的赤子

1928年2月底，郭沫若到达日本神户，与安娜和孩子们会合后，又坐火车到了东京。在东京，他们举目无亲，郭沫若又是被通缉的政治犯，何处是他们落脚安身的地方？安娜的女友花子娘家的斋藤夫妇伸出了热情的双手，将家里的住房腾给郭沫若一家住下。后来，一位日本作家在离东京不远的市川市，又替他们找了一间房子，郭沫若

郭沫若在日本

全家才定居下来，一住便是十年。

当时市川属千叶县，距离东京很近，只有一水之隔，与东京又无行政隶属关系，可以暂时避开东京警察厅的耳目。然而，半年之后，东京警察厅还是通过信件检查，找到了郭沫若。8月1日，郭沫若被抓，关押在东京桥区警察局，接受严厉的审讯盘问，并被拘留了整整三天。三天后被放回家，一直在警方的监视下，过着半囚徒的生活。

在日本流亡的艰难日子

即使在这样的境况下，郭沫若也没有隐没下去，而是"拿出勇气和耐心来，更坚毅地生活"。他埋头钻研整理中国古籍，研究甲骨文和金文，取得了开创性的成果，成就了他人生的又一个辉煌。由此，他得到周恩来的高度评价："他不但在革命高潮时挺身而出，站在革命行列的前头，他还懂得在革命退潮时怎样保存活力，埋头研究，充实自己，也就是为革命作了新的贡献，准备了新的力量。"（周恩来《我要说的话》）

郭沫若与安娜夫人和孩子们

一、甲骨鼎堂

　　流亡日本的郭沫若,不仅政治上被囚,经济上也十分拮据。开初由创造社支付著作版税,每月100元,经友人内山完造从上海寄到东京,由于安娜的勤俭操持,多少还有些节余,生活也比较稳定。这段时期,郭沫若看了很多书,从文学到历史,从哲学到经济,为他进行研究和创作积累了丰富的资料。他开始研究中国历史,因为他感到《易》、《诗》、《书》中有"后人的虚伪的粉饰",必须寻找出没有经过后世影响的"确确实实足以代表古代的那种东西"。于是迈进了"考古证史"的道路。

首先是对《易经》的钻研,透过扑朔迷离的卦辞、爻辞,他看到了周代"社会状况和一切精神生产的模型",写出了《周易的时代背景与精神生产》(后改名为《周易时代的社会生活》),这是他用马克思主义观点写成的第一篇历史研究文章,后来收入《中国古代社会研究》。继研究《易经》之后,郭沫若又开始对《诗经》和《书经》进行探讨,写出了《诗书时代的社会变革与其思想上的反映》,这是收入《中国古代社会研究》的第二篇文章。与此同时,郭沫若还以恩格斯《家庭、私有制和国家的起源》的基本观点为依据,撰写了另一篇论文《中国社会之历史的发展阶段》,后来也收入《中国古代社会研究》中。

1929年2月,创造社被国民党反动派查封,郭沫若断绝了生活的经济来源,不得不转向写作和翻译,靠卖文为生。他陆续写了《我的童年》、《反正前后》、《初出夔门》、《北伐途次》等自传以及《创造十年》、《创造十年续编》等回忆录,翻译了美国辛克莱的《石炭王》、《屠场》、《煤油》,俄国托尔斯泰的《战争与和平》等作品。这些作品大都靠李一氓奔忙,取得了可观的经济收入。郭沫若感觉比创造社存在时所得,每月差不多要增加一倍。这样一来,饿死的威胁免掉了。此后一段时间,郭沫若都"潜心于殷代卜辞与周京彝铭之译读",先后出版了《两周金文辞大系》、《金文丛考》、《卜辞通纂》、《古代铭刻汇考》、《古代铭刻汇考续编》、《两周金文辞大系图录考释》、《殷契粹编》,奠定了他在古文字、古器物研究领域的至高地位,成为考古界著名的甲骨"鼎堂",与罗振玉(雪堂)、王国维(观堂)、董作宾

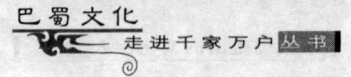

(彦堂)并称为"甲骨四堂"。柳亚子对这位与古董打交道的"戎马书生",颇为称赞,当年就写诗曰:

太原公子自无双,戎马经年气无降。
甲骨青铜余事耳,惊看造诣敌罗王。

郭沫若在进行这些历史研究的过程中,深感资料的不足,而研究最直接的材料就是古人留下的甲骨文、金文。那时候,东京有个"文求堂",是经营古籍的书店。郭沫若去"文求堂"搜集资料,后面总会跟着一个人,这是监视他的警方人员,为了防止他逃跑,那人还很愿为他拎包。他们一前一后,就像一主一仆,来往于市川和东京之间。"文求堂"主人给郭沫若拿出《殷墟书契考释》,使他喜出望外。但索价12元,使他无法承受。不过,店主好心地为他指点,可以到"东洋文库"去借阅。在日本朋友田中子祥的帮助下,郭沫若阅读了东洋文库所藏的一切甲骨文和金文著作。此外,他还多方与国内友人联系,得到李一氓、荣庚等人的大力帮助,搜集了许多参考书籍和古器拓片。由于他杰出的研究成果的影响,上海大收藏家刘体智将自己珍藏的甲骨拓本二十册(二千八万多片)送至东京交郭沫若选编研究。

在甲骨文的研究上,郭沫若以罗振玉、王国维的研究成果为出发点,借鉴他们的研究方法,对甲骨文进行科学、全面、系统的研究,取得了新的进展。他于1933年出版的《卜辞通纂》,为著录甲骨建立起一个科学的体系,使这门学问别开生面。在对甲骨文字考释上,郭沫若的探索集中围绕在两个方面:一是古人如何占卜记事,二是后人如何科学利用。对于当时如何占卜记事,郭沫若没有亲身发掘甲骨的经历,只是凭着对传世甲骨的细心观察和认真研究,取得了与董作宾差不多是殊途同归的巨大成就,并且纠正了前人不少的错误。在科学利用甲骨卜辞方面,他的重大创获是"继片缀合"与"残辞互足",使许多残缺的卜辞得以补苴成全文,中外学者至今仍遵其例。《卜辞通纂》依照此方法,校出重片18片。新中国成立后出版的《甲骨文合集》校出重片6000片,可惜作为甲骨"四堂"之一的郭沫若还没来得及为这本科学著作写"前言"就离世而去了。在甲骨学发展近九十年的历史中,有五十年取得的成就与郭沫若的创造性探索密不可分,他的研究使甲骨学从初创走向成熟,并影响着发展的基本趋势。

在青铜器铭文的研究领域,郭沫若在吴大澂、孙诒让、王国维研究成果的基础上,对殷周青铜器铭文进行更加科学的研究,整理了323个带有铭文的器皿,"把年代标明了的作为标准器或联络站",以金文里的人名事迹为线索,"再参证文字的体裁,文字的风格,和器物本身的花纹形制",将它们贯串起来,为殷周青铜器的分期断代,建立了一个科学而明晰的系统,开创了青铜器断代研究的先河。

1930年,郭沫若的《中国古代社会研究》在上海出版。这部书是史学界公认的第一部马克思主义中国古代史著作。该书以丰富的材料,论证了中国社会在脱离原始公社制的"野蛮时期"之后,进入了阶级社会的"文明时期"。本书出版后,供不应求,在几个月中,连印三版,大有洛阳纸贵之势。书中大量的马克思主义诠

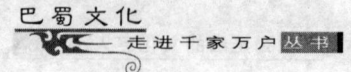

释，影响了很多思想激进的青年。当时，国内正在开展中国社会史大论战，其中一个重要内容就是关于中国古代社会的性质讨论。论战的主要战场在上海，而蜗居东海彼岸的郭沫若却成了论战一方的主要代表。

除青铜器、金文、甲骨文之外，郭沫若在石鼓文的研究上也作出了突出的贡献。1936年，郭沫若完成的《石鼓文研究》一书，不仅考证了石鼓的文辞和产生的年代，还使石鼓文的最善拓本得以流传。石鼓是我国传世最早的石刻，现保存在故宫博物院。由于两千七百多年的风化剥蚀，或一字不存，或严重残损。现在能看到最早的拓本是宋代的，共有三种，保存文字相当完好。但这三种拓本已流入日本，藏者秘不示人。郭沫若辗转借到三种拓本的照片，进行了研究，并附录于《石鼓文研究》之中。1945年美国对东京大轰炸，藏者已被炸死，其住宅也化为灰烬，所藏的三种宋代拓本当然也化为乌有。现在我们只能通过郭沫若的《石鼓文研究》来窥探宋代拓本的面目了。商龟周鼎、白骨顽石，这些"古董"在郭沫若的手里，变成了最有价值的史料，许多前人不识的有如天书的古文字都被他破译了。这些重大成就，令学术界震惊，中外瞩目。

郭沫若流亡日本十年，埋头学术，用科学的方法，发现了许多前所未有的东西。他研究中国古代社会，钻研甲骨文字、殷周青铜器铭文、两周金文以及古代铭刻等，写了十多部关于中国古代史和古代文字的学术著作。与此同时，郭沫若还完成了一部"生平最得意之作"——长篇小说《骑士》的创作；创作了历史短篇小说《孔夫子吃饭》、《孟夫子出妻》、《秦始皇将死》、《楚霸王自杀》、《贾长沙痛哭》、《司马迁发愤》等，1936年结集为《豕蹄》出版。

在日本期间，郭沫若虽然隐居，但并没有隐没，一直积极参加国内文学运动。他参加"革命文学"的论争，尽管言辞激烈，与鲁迅打了很多笔仗，但毕竟属于革命文学内部的认识问题。通过论争，加强了对马克思主义理论的学习，提高了认识，统一了思想，促进了马克思主义与中国文艺实践相结合。1930年，中国左翼作家联盟成立，钱杏邨写信征求郭沫若意见，郭沫若非常赞成，并把自己的译著《少年维特之烦恼》的版税捐赠给"左"联作为基金，是"左"联成立的重要发起人之一。在日本，郭沫若积极投入"左"联东京支部的活动，指导下属革命文学社团的活动，支持刊物《杂文》、《东流》、《诗歌》的创办，积极投稿写稿，热情地为文学青年改稿、作序等。

郭沫若为抗战奔走呐喊

二、归国抗日

"西安事变"以后，国内民族抗日统一战线初步形成，蒋介石迫于压力，取消了对郭沫若的通缉。1937年5月18日，郁达夫给郭沫若寄信，告知南京当局取消通缉："委员长有所借重，乞速归"。"七七"卢沟桥事变后，抗日战争全面爆发。郭沫若更是心急如焚，再也不愿在日本滞留了。于是，便决定了秘密回国的日期，同时写下遗言，托付友人，如遇不测，即带回国发表。临行前的那个晚上，郭沫若内心十分痛苦：此去，一家妻儿将无依无靠，自己也将生死难测。"但国族临到了垂危的时候，谁还能安闲地专顾自己一身一家的安全？"次日凌晨，他给妻儿写下留言，悄然离去。

1937年7月25日，在朋友的帮助下，为了躲避日本警方的监视，他化名杨伯勉，乘火车到了神户，然后改乘加拿大的"日本皇后号"邮船，悄然回国。当船离祖国越来越近的时候，他思绪万千，遂成一绝：

此来拼得全家哭，今往还当遍地哀。
四十六年余一死，鸿毛泰岱早安排。

经过海上三天的颠簸，郭沫若安全地到达上海。不久，上海"八一三"战争爆发，中国军队奋起反抗。上海文化界办起了《救亡日报》，开展抗日宣传工作。郭沫若出任社长，夏衍、阿英任主编和主笔。郭沫若还亲自撰写《到浦东去》、《前线归来》、《在轰炸中来去》等文章，赞扬我军民英勇抗日，鼓舞士气。上海失守后，他还写了总结淞沪之战经验教训的文章——《武装民众之必要》。

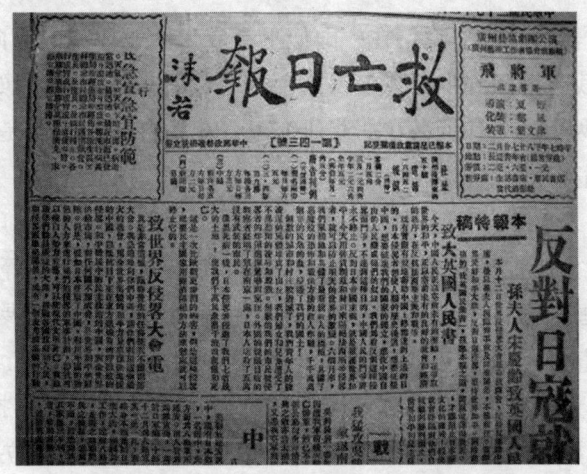

抗战时期,郭沫若、夏衍主办的《救亡日报》

9月24日,蒋介石在南京召见了郭沫若,表示要给他一个"相当的职务"。蒋介石希望他学行兼顾,对他说:"一切会议你都不必出席,你只消一面作文章,一面研究你的学问好了。"(《在轰炸中来去》,《沫若文集》第8卷)又问他对甲骨文、金文"今后是否尚有继续研究下去的兴趣"。郭沫若说:

1938年1月,郭沫若与《救亡日报》先遣队成员叶文津(左一)、于立群(右二)、郁风(右一)在广州合影

"古器物学的研究,在中国似乎有成为一般趣味的倾向,但我自己回到中国来仅仅两个月,对那些研究就好像隔了两个世纪。沉潜在那些研究里,在我自己看来倒是一种危机。"

11月,上海沦陷,国民党南京政府宣布迁都重庆。《救亡日报》被迫停刊。郭沫若与何香凝、邹韬奋等乘法国邮轮离开上海,辗转香港、广州等地,继续开展抗日宣传。1938年新年初始,《救亡日报》在广州复刊。

1938年1月,郭沫若接到陈诚从武汉发来的电报:"有要事奉商,望即命驾。"当时,八路军在武汉设立了办事处,周恩来、董必武、叶剑英、邓颖超都在那里,郭沫若也很想念这些阔别多年的老朋友,便立即赶往武汉。到武汉后,才搞清楚原来是蒋介石设立国共两党合作的政治机构——国民政府军事委员会政治部,陈诚任部长,周恩来、黄琪翔任副部长,下设一、二、三厅,第三厅管宣传工作,欲委任郭沫若任第三厅厅长。郭沫若开初推辞不受,找了诸多理由加以拒绝,甚至前往长沙躲避。经过周恩来出面劝说,反复做工作,积极争取到第三厅厅长在工作上、人事上、经费上的自主权,郭沫若才应承下来。周恩来说:"有你做第三厅厅长,我才可考虑接受他们的副部长,不然那是毫无意义的。"

郭沫若在武汉街头带领群众抗日游行

1938年4月1日，国民政府军事委员会政治部第三厅在武昌正式成立。郭沫若任厅长，范寿康为副厅长，阳翰笙为主任秘书，傅抱石为秘书。下设一室三个处，每个处下设三个科，处长有胡愈之、田汉、郁达夫，科长有徐寿宣、张志让、尹伯林、洪琛、郑用之、徐悲鸿、杜国庠、董维健、冯乃超。三厅主要人选集中了文学、戏剧、音乐、美术界的优秀人才，名单上报以后，陈诚十分惊讶，蒋介石也十分高兴。郭沫若全身心地投入到三厅的工作，领导三厅两千多人的文艺大军，深入到前线和后方进行宣传，发动群众，团结抗日。三厅有十个抗敌演剧队，四个抗敌宣传队，还有漫画宣传队和孩子剧团等，他们分散到各地去开展工作，宣传抗战，极大地鼓舞了民气，形成了一个坚强的战斗堡垒。

1939年春，郭沫若向孩子剧团及三厅工作人员讲话

1938年10月，日寇攻占武昌，政治部撤退长沙，三厅人员也向衡阳、桂林撤退，年底到达重庆。国民党

对三厅进行了种种限制，压缩经费，压缩编制，裁减人员，篡改宣传内容，甚至限令三厅人员"要抗日必须加入国民党，否则即作离厅处理"，遭到三厅人员的抵制。郭沫若愤而提出辞职，厅内四十多人也联名提出集体辞职。周恩来找到新任的政治部部长张治中，愤然指出："这批人是为抗战而来的，你们搞到他们头上来了，你们不要，我们要！我们请他们到延安去。"国民党政府十分害怕这些有影响的文化人士投奔延安。几天后，蒋介石召见郭沫若、阳翰笙、杜国庠、冯乃超、田汉等人，决定成立文化工作委员会，仍属政治部，宗旨是

1939年，郭沫若回老家时的全家合影

1939年，郭沫若返乡省亲时，在沙湾小学讲演

"对文化工作进行研究"。

1940年10月,国民政府军事委员会政治部文化工作委员会在重庆正式成立。郭沫若任主任,谢仁钊、阳翰笙任副主任,周恩来任指导委员,茅盾、杜国庠、田汉、洪深、翦伯赞、胡风是专任委员,老舍、陶行知、邓初民、侯外庐、王昆仑等为兼任委员。委员会下设三个组:国际问题研究组、文艺研究组、对敌工作组。国民党当局明文规定:文化工作委员会"只作文化学术研究,不能从事政治活动",但并没有捆住郭沫若等人的手脚。因为这毕竟是块可用的招牌,可以广泛地团结进步文化人士。"文工会"经常举办文艺讲座、文化讲座、国际问题讲座,以学术活动的方式联系群众、宣传群众,为推动抗日民主运动发挥了积极作用。

皖南事变后,周恩来根据抗日斗争的新形势,提出为郭沫若举行50寿辰和创作生活25周年纪念活动。周恩来对郭沫若解释说:"为你作寿,是一场意义重大的政治斗争","又是一场意义重大的文化斗争","通过这次斗争,我们可以发动一切民主进步力量,来冲破敌人政治上和文化上的法西斯统治"。1941年11月16日,郭沫若50寿辰这一天,在重庆举行了茶话会,由爱国将领冯玉祥主持,到会者两千余人。会场上高悬着一支五尺多长,碗口般粗的大毛笔,笔杆上写着"以清妖孽"四个大字。会场内外陈列着文化界人士、国民党官员和各界群众送的寿联、贺词等,展室里陈列着郭沫若25年以来的文艺创作和学术研究成果,包括论著、译文、手稿等八十多种,约两千万字。周恩来、董必武等出席会议并发表了热情洋溢的祝词。《新华日报》出了

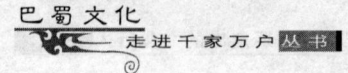

两个版面的纪念特刊,头版刊登周恩来的专文《我要说的话》。周恩来在文章中赞扬郭沫若:

> 郭沫若创作生活的 25 年,也就是新文化运动的 25 年。鲁迅自称是革命马前卒,郭沫若就是革命队伍中人。鲁迅是新文化运动的导师,郭沫若便是新文化运动的主将。鲁迅如果是将没有路的路开辟出来的先锋,郭沫若便是带着大家一道前进的向导。鲁迅先生已经不在世了,他的遗范尚存,我们会愈感觉到在文化战线上,郭先生带着我们一道奋进的亲切,而且我们也永远祝福他带着我们奋斗到底的。

同一天,在延安、桂林、香港、新加坡也举行了庆祝活动。周扬、丁玲、艾思奇、李济深、邵荃麟、柳亚子、邹韬奋、茅盾、夏衍、胡乔木、郁达夫分别在各地参加庆祝活动。整个活动持续到 12 月,纪念文章陆续刊载,达半年之久。

三、开拓新史学

"五四"时代,郭沫若以写新诗闻名于世,以《女神》开一代诗风,成为著名的时代诗人。1928 年以后,他潜心学术(历史)研究,在古文字学、考古学、文献学、历史学等方面作出了重要贡献,成为一代史学大师、古文字学家、马克思主义史学家。他的史学、考古学、古文字学的专著有近千万字之多,其中《中国古代社会研究》具有开拓性成果,是一部最早用唯物主义史观研究中国古代史的专著，为中国马克思主义新史学的建立，奠定了坚实的基础。在纪念郭沫若创作 25 周年时，陈布雷曾吟诗称赞他的史学成就，诗云：

  搜奇甲骨著高文，描史重征起一军。伤别伤春成绝业，论才已过杜司勋。（1941 年 11 月 28 日《大公报》）

作为历史学家，郭沫若的史学研究大概可以分为四个时期：

（一）1928 年以前，为早期阶段。这时期的著作有《中国文化的传统精神》、《读梁任公〈墨子新社会之组织法〉》、《惠施的性格与思想》、《伟大的精神生活者王阳明》等。此时的历史研究文章，与"五四"时代的精神合拍，主要是着眼于现实，追求思想解放和自我完善，提倡承担起拯救社会国家的责任。

（二）1928—1937 年，避居日本时期。主要以甲骨文、青铜器等古文字、古器物为基础，研究中国古代社会，通过"考古证史"，把中国古代史研究，根植于十分坚实的科学依据之上，确立用马克思主义唯物史观研究中国历史的治史道路。他的考古学成就，在国内外享有盛誉。

（三）1937—1949 年，抗日战争和解放战争时期。这个阶段的历史研究，一方面配合历史剧的创作进行历史人物研究，一方面结合现实斗争，纵论先秦诸子的思想学说。其史学著作有《青铜时代》、《十批判书》、《甲申三百年祭》、《历史人物》。

（四）1950年以后的时期。重点是丰富和完善马克思主义新史学的史学体系。其著作有《奴隶制时代》、《文史论集》（后以《史学论集》为名收入《郭沫若全集》历史编第3卷）、《李白与杜甫》等。在古籍整理方面有《管子集校》、《盐铁论读本》，主编《甲骨文合集》、《中国史稿》。

郭沫若从事史学研究达半个多世纪，一直坚持用马克思主义的唯物史观研究中国古代历史，为马克思主义新史学的创立和发展作出了突出的贡献，也形成了自己的鲜明特色和风格。

（一）开创了中国马克思主义的新史学。郭沫若是第一位用马克思主义研究中国史的学者，他的《中国古代社会研究》被认为是中国马克思主义新史学的奠基之作，甚至还被看做是恩格斯《家庭、私有制和国家的起源》的续篇。此书在史学界产生了深远的影响，针对当时颇有影响的"国故"之争，在认识上和方法上有两大突破。第一，跳出了"经、史、子、集"的范围，以地下出土实物为出发点，去"认识古代社会之真实情况"，被誉为是旧史学的终结，新史学的开端。第二，跳出了传统观念的范围，吸收了当时最有代表性的两大学术流派——古史辨派和考古证史派的最新学术成果，确立了唯物史观派，成为独具特色的中国古代文化研究体系。此后，吕振羽、范文澜、翦伯赞、侯外庐等各领风骚的新著陆续问世，马克思主义史学成为引领中国现当代史学发展方向的学术文化潮流。

著名的历史学家，古史辩派的领军人物顾颉刚，在他的《当代中国史学》一书中说："研究社会经济史最早的大师,是郭沫若和陶希圣两位先生,事实上也只有他们两位最有成绩。郭沫若应用马克思、莫尔甘等学说,考察中国古代社会的真实情状,著成《中国古代社会研究》一书。这是一部极为有价值的伟著,书中虽不免有些宣传的意味,但富有精深独到的见解。中国古代社会的真相,自有此书后,我们才摸着一些边际。这部书的影响极大。"顾颉刚还认为,在甲骨文研究上,以及中国古代史研究上,王国维之后,能够继承王国维并有开拓性贡献的是郭沫若。另一位著名的文史学者宋云彬评价说:"自郭先生的《中国古代社会研究》一书问世,一切曲解中国历史,改造中国历史的谬论,都扫荡了。"

(二)建立了完整的史学体系。郭沫若第一个从历史唯物主义的人类社会发展史角度,阐明了中国社会发展的规律和阶段。早在日本时期,他就把中国历史划分为原始公社制、奴隶制和封建制几个发展阶段,并把商代定为原始社会末期,西周是奴隶社会,春秋以后是封建社会,最近百年为资本主义社会。在1944年写的《古代研究的自我批判》一文中,论证了殷代是奴隶社会而非原始社会末期,奴隶社会的下限也下移到秦汉之际。在1952年的《奴隶制时代》一文中,最后把奴隶制和封建制之交确定在春秋战国之际,并以公元前475年为分界线。这个体系在史学界有着广泛的影响,许多通史著作都采用了这一观点,国家教育部也采纳他的观点编写全国大中学教材。著名的考古学家,甲骨"彦堂"董作宾,虽然不甚赞同郭沫若的"新古史系统",但在20世纪50年代初仍然作出如下评述:"大家都知道的,唯物史观派是郭沫若的《中国古代社会研究》领导起来的……他把《诗》、《书》、《易》里面的纸上史料,把甲骨卜辞、周金文里的地下材料,熔冶于一炉,制造出来一个唯物史观的中国古代文化体系。"

(三) 坚持实证研究,科学治史的学术风格。实证研究是中国古代史学悠久而优秀的传统。郭沫若治史,继承和发扬了这一优良传统,十分重视对材料的占有。他反复强调:"研究历史和研究任何学问一样,是不允许轻率从事的。掌握正确的科学的历史观点是非常必要,这是先决问题。但有了正确的历史观点,假使没有丰富的正确的材料,材料的时代性不明确,那也得不出正确的结论。"(《郭沫若全集》历史编第1卷)"无论任何研究,材料的鉴别是最必要的基础阶段。材料不够固然大成问题,而材料的真伪时代性未判定清楚,甚至比缺乏材料还更加危险。因为材料缺乏,顶多得不出结论而已,而材料不正确,就会得出错误的结论,这样的结论比没有更为有害。"(《古代研究的自我批判》,《郭沫若全集》历史编第2卷)为了研究先秦社会和诸子思想,他把秦以前的材料,差不多彻底剿翻,凡考古学上的、文献学上的,包括文字学、音韵学、因明学都下了一番工夫,从中发掘材料。他曾把《中国古代社会研究》、《甲骨文字研究》、《殷周青铜器铭文研究》作为古史研究的"三部曲"。他把古文字研究和古代史研究结合起来,开创了中国古代史研究的新天地。甲骨文、金文研究是他研究中国古代社会的重要组成部分,通过对甲骨文和青铜器铭文进行深入的考证和分析,提出很多独创的见解。通过对甲骨文的考释,阐述了殷代的社会结构和意识形态,通过考察整理了青铜器的历史,开创了青铜器断代研究的先河。

（四）将治学与明道相统一，具有鲜明的政治立场和倾向。中国史学家历来就以"究天人之际，通古今之变，成一家之言"为己任，郭沫若继承发展了我国史学明道求真，经世致用这一古老的传统。他在《中国古代社会研究》的"自序"中开门见山地说："对于未来社会的待望逼迫着我们不能不生出清算过往社会的要求。古人说：'前事不忘，后事之师。'认清过往的来程也正好决定我们未来的去向。"郭沫若主张，不论对于传统文化还是外来文化，都要"向作品本身去求生命"，弄懂原著。而弄懂原著的关键在于使原先颇具生命力的作品通过今译，能够在今天"苏活转来"，服务现实。他特意写了一篇《古书今译的问题》，强调整理国故的最大目标是"使有用的古书普及，使多数的人得以接近"。抗日战争时期，他对先秦诸子和学派展开了全面的研究，提出"人民本位"这一评价历史人物及其思想的标准。所谓"人民本位"，就是以人民的最大利益为本位。合于此的即为善，反之即恶。他用这一标准来选择研究对象，评判历史人物，推动了思想史和历史人物的研究。

（五）郭沫若是一位具有诗人气质的学者，勇于创新，也勇于改正失误。诗人与学者的双重身份，形成了郭沫若独特的思维和学术个性。诚如他本人所说"以理智为父以感情为母"，这一特点深刻地影响着他的学术研究。由感情喜好出发，生出选题兴致，求得多种表现形式，或诗、或剧、或文。一旦进入研究境界，在论辩的推动下，尽一切努力去寻求证据，非得弄清真相不可，以求得理智的归宿。崇尚创新，不走前人的旧路，是郭沫若一生史学研究的特色。在五十多年的学术生涯中，他以卓越的贡献，成为马克思主义史学的领军人物。但无可否认，在感情的左右下，郭沫若的史学研究也有一些失误：比如过分地扬孔抑墨，对墨子的评论有欠公允。对孔子的赞扬——郭沫若一直是尊孔的，但对孔子的评价，却根据不同的时代精神进行阐释，"五四"时期强调以个性为本位，抗战时期却突出以人民为本位，而"个性"与"群体"，恰恰是相对的两级。在这一点上，如果把郭沫若的史学研究与吕振羽、翦伯赞、范文澜等马克思主义史学派学者相比，可以看出郭沫若的特点：更重情感、更重阐释、更经世致用。又比如在《李白与杜甫》一书中，过分地抑杜扬李，尤其对杜甫采取的阶级批判方法，受到学界的非议。然而，郭沫若却是一位勇于承认和改正错误的学者，一旦发现错了，就否定旧说，比如在奴隶社会和封建社会分期问题上，前后改正了三次。这些改正他都经过缜密的研究，在材料上和理论上都有合理的解释。尽管郭沫若在史学研究中有些失误，特别是晚年，受学术为政治服务的影响，在考证《坎曼尔诗笺》时，发生了把赝品认作出土文物的失误。但是，他毕竟是中国马克思主义史学的开创者，在中国现代史学发展史上是一位关键性人物，在中国半个世纪的史学波澜中，在许多问题上，他都激流当先，产生过广泛深远的影响，在今后一段时间内这种影响还会存在。他的史学道路，可以说是中国马克思主义新史学道路的缩影。

郭沫若的学术研究成果，得到了学术界的高度评价。1948年南京中央研究院进行第一届院士选举时，最初人文组候选人有55人，经过5轮选举，在最后当选的28位院士中仍有郭沫若。而力争选郭沫若的人，却是具有不同政治立场、在学界德高望重的胡适和傅斯年，可见郭沫若在学术中的地位。不过，郭沫若却因为政治立场的原因拒绝出席会议。

1946年秋，周恩来与郭沫若在周公馆门前合影

四、史剧大师

在民族抗日战争中，郭沫若开创了他文学生涯中的又一个丰收期。从1941年12月到1943年3月，在这短短的不到一年半的时间里，郭沫若连续创作了《棠棣之花》、《屈原》、《虎符》、《高渐离》、《孔雀胆》、《南冠草》六部历史剧，显示了这位诗人学者横溢的才华，在中外文坛产生了强烈的反响，开辟了一条中国历史剧创作的崭新道路，使诗人郭沫若成为一代史剧大师。

郭沫若创作历史剧的时候，正是抗日战争最艰难的时期，国民党对解放区进行军事和经济封锁，制造了骇人听闻的皖南事变,掀起了又一次反共高潮。郭沫若身处国统区重庆,"看见了不少的大大小小的时代悲剧",于是决定"把这时代的愤怒复活在屈原时代里","借了屈原的时代来象征我们当前的时代"。这些历史剧都是以历史故事为题材,针对现实而作的,是郭沫若献给现实的蟠桃。其中《棠棣之花》、《屈原》、《虎符》、《高渐离》都取材于战国时期合纵抗秦的史实,与当时坚持抗战,反对投降,坚持团结,反对分裂有相似之处。《南冠草》取材于明末抗清英雄夏完淳以身殉节的壮烈事迹。《孔雀胆》描写元代末年云南大理总管段功和阿盖公主的恋爱悲剧。这些剧本,围绕爱国与卖国,统一与分裂,自由与专制,光明与黑暗,善良与丑恶展开戏剧冲突,通过塑造鲜明生动的艺术形象,热情地歌颂为追求和平自由而英勇斗争的志士仁人,尖锐地讽喻了当时的社会现实,影射抨击了国民党玩弄阴谋的卑劣行径,抒发了作者对国民党消极抗日、积极反共的强烈愤怒,鼓舞人们为争取国家独立和民族解放而奋勇斗争。

《棠棣之花》写于1941年,由《女神》中的两幕诗剧《聂嫈》改写而成的。作品完稿之时,正值皖南事变发生不久,郭沫若写《棠棣之花》是借古讽今,矛头直接指向国民党掀起的反共高潮。作者说:"《棠棣之花》的政治气氛是以主张联合反对分裂为主题,这不用说是参合了一些主观见解进去的。望合厌分是民国以来共同的希望,也是中国自有历史以来的历代人的希望。因为这种希望是古今共同的东西,我们可以据今推古,亦正可以借古鉴今。"(《我怎样写棠棣之花》,《沫若文集》第3卷)历史上的聂政刺侠累是赞扬"士为知己者死",但郭沫若的《棠棣之花》则把这个故事改成了抗秦派与亲秦派之间的尖锐斗争。聂政为除掉民族败类壮烈牺牲,姐姐聂嫈闻讯,抱尸痛哭,以身殉义,场面十分悲壮感人。

郭沫若的历史剧《屈原》剧照

1942年1月完成的五幕历史剧《屈原》,是郭沫若历史剧中影响最大的一部。郭沫若是带着满腔的愤怒来创作这个剧本的,在谈到《屈原》的创作时,他说:"全中国进步人们都感受着愤怒,因而我便把这时代的愤怒复活在屈原时代里去了。"只用了10天工夫,他就完成了这部传世之作。剧本把爱国诗人屈原一生的经历集中到一天来表现,剧情紧凑,生动感人,显示了作者非凡的艺术才华。剧本围绕战国时期楚国对秦外交上的两条路线——以屈原为代表的爱国路线的和以南后、靳尚为代表的卖国路线的斗争为中心,歌颂了屈原忠贞爱国的高贵品质,揭露了南后的无耻、楚怀王的昏庸、张

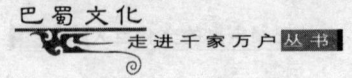

仪的卑劣。通过再现历史上楚国衰亡的故事和人物，表现了反对分裂投降、主张团结抗敌、诅咒黑暗、歌颂光明这一具有现实作用的重大主题。

《屈原》完稿后，一些报刊争相要发表。应《中央日报》编辑孙伏园的请求，稿子在《中央日报》上发表。国民党要人气急败坏地说："怎么搞的，我们的报纸公然登起骂我们的东西来了！"下令撤销了孙伏园的编辑职务。《屈原》的演出轰动了整个重庆，山城的人们为之倾倒。尤其是最后一幕屈原的独白《雷电颂》，撞击着每个人的心灵，使人们热血沸腾：

> 啊，这宇宙中的伟大的诗！你们风，你们雷，你们电，你们在这里暗中咆哮着的，闪耀着的一切的一切，你们都是诗，都是音乐，都是跳舞。你们宇宙中伟大的艺人们呀，尽量发挥你们的力量吧，发泄出无边无际的怒火把这黑暗的宇宙，阴惨的宇宙，爆炸了吧！爆炸了吧！

每当上演到《雷电颂》时，台下的观众与台上的屈原，情感融为一体，爆发出狂涛般的掌声。周恩来非常欣赏这段独白，他说："屈原并没有写过这样的诗词，也不可能写出来，这是郭老借屈原之口说出自己心中的愤恨，也表达了蒋管区广大人民的愤恨之情，是向国民党压迫人民的控诉，好得很！"（张颖《雾重庆的文艺斗争》，《人民文学》1977年第1期）国民党政府害怕，发动他们的舆论工具对《屈原》进行攻击，污蔑这个剧"违反历史，破坏团结"，还说"什么叫爆炸？什么叫划破黑暗？这是别有用心"，并且下令停演《屈原》。

《虎符》写于1942年2月，是根据《史记·魏公子列传》而创作的。剧本围绕"窃符救赵"展开故事情节，生动地塑造了信陵君和如姬这两个爱国者形象，表达了反妥协、反投降的主题。在剧本中，主人公信陵君不单是一个礼贤下士的"贤公子"，而且是一个联合诸国一致抗秦，具有雄才大略的政治家，他引兵救赵是为了保家卫国。如姬的形象在剧中是正义和善良的化身。她有见识，重义气，贤淑而又刚强，反对君王的专横暴戾，拥护信陵君的政治主张。她舍身窃符的悲烈壮举感人至深，为正义而死，为国家献身，虽然生命结束，但气概长存，成为鼓舞和号召人民前仆后继的精神动力。

《高渐离》写于1942年6月，剧本取材于《史记·荆轲列传》。郭沫若说："我写这个剧本时是有暗射的用意的，存心用秦始皇来暗射蒋介石。"（《〈高渐离〉校后记之二》，《沫若文集》第4卷）剧本一开始就借酒客之口，诅咒秦始皇的专横残暴，作者是把那个时代人民群众对暴政的憎恨，与现实中的反蒋斗争联系在一起，具有鲜明的时代性和强烈的针对性。由此触痛了蒋介石的神经，这个剧也被禁止上演。

郭沫若的历史剧创作，绝不是发思古之幽情，而是配合现实的斗争。关于创作意图，他明确地表示："我要借古人的骸骨来，另行吹嘘些生命进去。"在创作的过程中，他经常得到周恩来同志"很多难以忘怀的指示和帮助"。周恩来高度肯定说："在连续不断的反共高潮中，我们钻了国民党反动派的一个空子，在戏剧舞台上打开了一个缺口，在这场战斗中，郭沫若同志立了大功。"(夏衍:《知公此去无遗恨——痛悼郭沫若同志》)他的历史剧一上演,就引起了国民党反动派的恐慌,不断被停演甚至禁演。但进步人士却非常欢迎,《屈原》、《虎符》不仅在当时轰动山城,而且在日本、苏联上演,也受到欢迎和好评。

郭沫若的历史剧,以豪放热烈和浓厚的浪漫主义色彩,形成了他独特的艺术风格。首先,体现了郭沫若浪漫主义的史剧观。郭沫若认为,"历史研究是'实事求是',历史剧创作是'失事求似'"。"史学家是以挖掘历史的精神,史剧家是发展历史精神。"(《历史·史剧·现实》,《沫若文集》第13卷)一方面,史剧的材料仍须仰仗史籍。"史剧作家对于所处理的题材范围,必须是研究的权威。关于人物的性格、心理、习惯,时代的风俗、制度、精神,总要尽可能的搜集材料,务求其无懈可击。"(《历史·史剧·现实》,《沫若文集》第13卷)另一方面,"剧作家的任务是在把握历史的精神,而不必为历史的事实所束缚","剧作家有他创作上的自由,他可以推翻历史的成案,对于既成事实加以新的解释、新的阐发,而具体地把真实的古代精神翻译到现代。"(《我怎样写棠棣之花》,《沫若文集》第3卷)郭沫若在他的历史剧创作中,前期是借历史的影子来驰骋自己的创造,而不是严格地根据历史文献对古人的精神面貌作深刻的理解和切实的描绘。后期提倡在历史精神与现实时代精神之间找到契合点,强调历史剧要灌溉现实的蟠桃。因此,他要求"优秀的史剧家必须得是优秀的史学家",剧作家要研究历史、熟悉历史,因为在历史题材中蕴涵着严峻的现实,剧作家既要写出历史的精神，又要能针对现实，给现实人生以温暖和希望，这显然是郭沫若历史剧中浪漫主义创作方法的最本质体现。其次，郭沫若的戏剧含有丰富的情感，诗意盎然。如同他的热情奔放的诗歌一样，他的戏剧可以作为抒情的散文诗来读，清新瑰丽，荡漾着感情的波澜和浓郁的诗情。他在塑造古人形象时，从来不是采取客观描写的态度，而是在不违反人物特定历史内涵和基本逻辑的前提下，在历史人物身上注入了更多的主观性，把自己的思想感情、生活体验融化在艺术形象里面。

郭沫若的史剧理论和史剧创作，在我国现代文学史上有着重大的影响。特别是"失事求似"的史剧观，提倡历史精神与现实问题对接，创造了一批成功的剧作典范。新中国成立后创作的历史剧《蔡文姬》、《武则天》，又表现出另一种新探索，显示了郭沫若旺盛的创造力。

20世纪40年代，郭沫若在创作历史剧的同时，还进行了卓有成效的历史研究。主要著作有《青铜时代》、《十批判书》、《甲申三百年祭》、《历史人物》等。在当时影响比较大的是《甲申三百年祭》，这篇历史研究的长文分析了明朝灭亡的原因和李自成功败垂成的经验教训。1944年3月，在重庆《新华日报》上连载刊出，造成了国民党政府的恐慌，说是"影射当局"，《中央日报》专门写了一篇社论，题为《纠正一种错误思想》予以抨击。与此相反，毛泽东却高度评价这篇史论。毛泽东的文章于1944年4月在延安《解放日报》上全文转载，还印发小册子供党政军干部学习。毛泽东给郭沫若写信说："你的《甲申三百年祭》，我们把它当作整风文件看待，小胜即骄傲，大胜更骄傲，一次又一次吃亏，

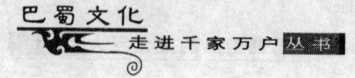

如何避免此种毛病,实在值得注意。……你的史论、史剧大有益于中国人民,只嫌其少,不嫌其多,精神决不会白费的。希望继续努力。"这是对郭沫若极大的鼓舞。他的史论和史剧,为中国人民的解放事业作出了贡献。

1945年3月,国民党下令解散了文化工作委员会,舆论界对此普遍表示惊诧和愤慨。重庆各民主党派和文化界人士举行茶会,慰问郭沫若和文化工作委员会的成员,很多人在会上指责国民党反动派,郭沫若最后讲话,表示说,"我们要做一个民主、文化、文艺的小兵","就是死了在坟墓里,也要从事文化工作!"随后,郭沫若就任中苏文化协会主任委员,赴苏联访问。

1945年8月,抗日战争取得胜利,举国欢腾,但中国的前途仍是渺茫的。毛主席赴重庆与蒋介石进行谈判,郭沫若访苏归来,到机场去迎接毛泽东。两人相隔20年相见,显得格外亲切。9月初两人又一次相聚,开怀畅谈,毛泽东说:"你写的《反正前后》,就像写我的生活一样。当时我所到的地方,所见到的那些情形,就是同你所写的一样。"毛泽东返回延安时,郭沫若又到机场相送。

1946年1月,国民党在全国人民要求和平民主的压力下,召开了有共产党和各民主党派参加的政治协商会议,郭沫若以"社会贤达代表"的身份参会。2月,重庆各界在较场口举行庆祝政协成立的大会。不料国民党特务大打出手,大会总指挥李公朴等人被打得头破血流。郭沫若起来阻拦,也被打掉眼镜,打伤眼角,推倒在地上。特务的野蛮行径激起各界的义愤,郭沫若向记者披露了事件发生的经过,指出这是事先策划的阴谋,还对记者说,自己受伤不算什么,实现民主才是最重要的事情。

1946年5月，国民党还都南京，郭沫若举家返回上海，结束了在重庆的抗战生活。11月，国民党召开"国民大会"，郭沫若作为社会贤达，被指定为"国大代表"。但他拒绝参加国民党单方面召开的伪国大，并对《新华日报》记者说，国民党政府单方面指定"国大代表"，完全违背了政治协商的程序。同时，郭沫若还劝阻社会贤达张君毅、民盟领袖罗隆基、章伯钧等赴会。时至1947年新年，郭沫若收到周恩来从延安写给他的信："孤立那反动独裁者，需要里应外合的斗争，你正站在里应那一面，需要民族爱国战线的建立和扩大，你正站在阵线的前头，艰巨的岗位有你负担，千千万万的人心都向着你。"（《迎新年，话时局——致郭沫若》，《周恩来书信选》）郭沫若牢记这一嘱托，尽可能地团结民主人士，积极投入到反对独裁，争取民主自由的运动中，在国统区形成了第二条反蒋战线，配合人民解放战争的不断推进。

1947年10月，解放战争进入战略反攻阶段，为了确保郭沫若的安全，党组织决定由叶以群陪送他全家乘船赴香港。在香港一年左右的时间，郭沫若的全部精力都投入到"建新中华"的繁忙工作中。他不辞辛劳地参加各种政治活动，出席各类集会、座谈会，以答记者问、谈话、演说、宣讲等形式，为新中国的成立作舆论准备。在繁忙的社会活动之余，郭沫若出版了自传《跨着东海》、《我是中国人》、《洪波曲》等，结集出版了《沸羹集》，《天玄地黄》收集杂感、随笔、论文150多篇。

1948年11月，解放战争取得决定性胜利，共产党中央邀请各方面的爱国民主人士赴解放区，共商开国大计。郭沫若化名丁汝常,乘"华中轮"秘密离开香港,同行的民主人士有三十多人。12月初,"华中轮"到达辽宁安东(今称丹东)附近的石城岛,接着又乘火车到达沈阳。1949年1月北平和平解放后,郭沫若与李济深、沈钧儒、马叙伦等35人,到达北平,受到中央党政领导和广大群众的热烈欢迎。郭沫若以更大的热情投入新中国的建设。

1948年,郭沫若与夫人于立群及子女在香港合影

第三章　共和国的歌手

1949年10月1日,中华人民共和国成立。郭沫若登上天安门城楼,参加中华人民共和国暨中央人民政府成立典礼;10月3日,被选为中国人民保卫世界和平委员会主席;10月5日,被选为中苏友好协会副会长;10月9日,出席全国政协第一次会议,当选全国政协副主席;10月19日,中央人民政府第三次会议,任命郭沫若为政务院副总理兼文化教育委员会主任、中国科学院院长。此外,他还一直连任全国人大第一、二、三、四、五届委员长,全国政协第一、二、三、五届副主席。

新中国成立以后的郭沫若,不再是一般的诗人、学者,而是国家领导人。他从事着繁重的国务活动、文化科学活动和国际和平活动,同时还写下了大量的诗词、历史剧和历史、考古著作。

一、共和国的开创者

郭沫若作为无党派人士的代表,代表教、科、文诸界的党外人士,参加新中国诞生的筹备工作。1949年的上半年,是郭沫若最繁忙和劳累的岁月。大大小小的会议,几乎每天都有。最使他感到荣耀的,莫过于1949年3月至5月,率领中国代表团出席在布拉格举行的世界拥护和平大会,郭沫若被选为常设委员会主席团副主席。4月23日,当他在大会发言时,恰好传来了中国人民解放军解放南京的消息,他立即把这个消息宣布,顿时会场上一片欢腾,各国朋友纷纷向中国代表团祝贺,互相拥抱,高呼"中国万岁",形成了一个激动人心的场面。

1949年3月25日,郭沫若与民主党派负责人和其他民主人士在北京西苑机场迎接毛泽东、朱德进入北平

1949年6月到9月,郭沫若几乎没有一天休息,以

饱满的政治热情投入到新政协的筹备工作。6月11日晚，郭沫若与李济深、黄炎培、沈钧儒、周建人等赶往香山双清别墅，与毛泽东、周恩来商讨新政协会议的筹备事宜。6月15日，郭沫若出席新政治协商会议筹备会议，并被推举为筹备常委会副主任，毛泽东任主任。筹备常委会下设六个小组，第一小组拟定参加新政协的单位和名额，第二小组负责起草新政协组织法，第三小组负责起草新政协共同纲领，第四小组负责起草中央人民政府组织法，第五小组负责起草新政协宣言，第六小组负责拟定国旗、国徽、国歌、国都、纪年方案。郭沫若被推举为第五小组组长，负责和召集新政协宣言的起草。郭沫若是能者多劳，不仅完成了《中华人民共和国政治协商会议宣言》的起草，还参加《中华人民共和国政治协商会议共同纲领》、《中华人民共和国政治协商会议组织法》、《中华人民共和国中央人民政府组织法》的酝酿、讨论、修改；参与了毛泽东就职公告的修改；在国名、国旗、国歌的讨论中，郭沫若也大显身手。他曾联名与马叙伦等人提交议案，要求取消国名"中华人民共和国"后面附加的"中华民国"简称，还提出在征集设计国旗、国徽、国歌时，要注重中国的地理、民族、历史、文化特征。他还身体力行地写《新华颂》作为国歌的应征稿，设计国旗——底色为红色，左上一颗黄色五角星代表中国共产党的领导，中间两条黄杠象征黄河、长江。据当年在郭沫若手下的工作人员回忆，在出席新政协大会的过程中，郭沫若"经常慷慨陈词，歌颂党和毛主席在中国革命实践中的伟大功勋．他那热情的语言，使听者无不动容"。

毛泽东与郭沫若亲切交谈

1949年，中国人民政治协商会议筹备委员会合影

　　1949年7月初，郭沫若另一项重要活动是参加中华全国文学艺术工作者代表大会，郭沫若作了题为《为建设新中国的人民文艺而奋斗》的主题报告，当选为全国文联主席。

从巴蜀走出的文化巨人 郭沫若

作为和平的使者，郭沫若为建立和发展新中国同各国人民的友好关系，不遗余力地努力工作，作出了重要贡献。新中国成立初期，国家的生存和发展的环境是不容乐观的，外部是一个充斥着大量敌意的国际政治环境，我们与许多国家都没有建立外交关系。积极开展民间外交，争取一个和平建设的国际环境，对新中国的发展显得十分重要。郭沫若到世界各地到处奔走，仅在20世纪50年代，就先后18次率团到华沙、柏林、维也纳、斯德哥尔摩、布达佩斯、新德里、赫尔辛基、开罗等地，参加保卫世界和平会议。此外，他还多次率领中国科学、文化代表团访问亚、非、拉三大洲十多个国家，开展科学文化交流。频繁的国际交往以及他在学术文化方面的成就与影响，郭沫若先后被匈牙利、波兰、保加利亚、苏联、捷克斯洛伐克等国家科学院授予荣誉院士、院士或最高学位。正如郭沫若自己所说："一直在为维护世界和平而努力，不

1949年，郭沫若作为中国代表团团长在柏林保护世界和平大会上发言

曾间断。"为了让世界了解中国，使中国走向世界，他尽心竭力，与各国人民建立广泛联系，扩大了新中国的影响，提高了我国的国际地位。

郭沫若出访匈牙利

1949年10月19日，中央人民政府委员会第三次会议，任命郭沫若为中国科学院院长，陈伯达、李四光、陶孟和、竺可桢为中国科学院副院长。3天后，郭沫若主持讨论科学院组织问题。11月1日，中国科学院在北京东四马大人胡同10号开始办公，后来此日便为中国

郭沫若与中科院童第周、竺可桢等科学家在一起

科学院的成立日。郭沫若从1949年出任中国科学院院长，到1978年去世，历时29年，为中国科学院的建立与发展，作出了重要的贡献。

郭沫若为中国科学院的组建倾注了许多心血。他身兼多种国家领导职务，在政务十分繁忙的情况下，每个星期都亲自主持院务汇报会议，确定研究所的调整方案和所长人选，从全国学术界中聘请著名科学家担任中国科学院的专门委员，部署建立各种规章制度。建院伊始，中国科学院整合全国科研机构，调配各科专家，团结全国科学界，迅速组建了第一批研究所，从而树立了中科院在全国科学研究中的中心地位。

中国科学院建立之后，1950年6月郭沫若以政务院副总理兼文化教育委员会主任的身份，发布了《中央人民政府政务院文化教育委员会郭沫若主任关于中国科学院基本任务的指示》，确定当时中国科学院的基本任务是：明确科学研究方向，培养与合理地分配科学研究人才，调整与充实科学研究机构。6月下旬，郭沫若主持召开了中国科学院第一次扩大院务会议，把建院初期的中心工作概括为三条。一是确定方针：根据《共同纲领》文教政策的规定，担起推进科学研究和培养人才的任务；二是确立制度：制定《中国科学院暂行组织条例》、《专门委员聘任暂行规程》、《研究所暂行组织规程》、《研究人员任用暂行细则》和《技术人员暂行细则》等等。三是要加强与全国科研机构的联系。

中国科学院的工作，关键是集聚人才，特别是学科带头人。一些海外学子，在新中国的感召下，表示愿意回来报效祖国，中国科学院千方百计地争取他们。1950

年5月,地质学家李四光从英国回国。到达北京是在早晨,郭沫若来不及吃早饭,就到前门火车站去迎接,并陪送李四光到下榻的六国饭店。郭沫若代表国家、政府,代表中国科学院满腔热情地欢迎他返回祖国。李四光是著名的地质学家,后出任中国科学院副院长。

1950年4月,得到在美国的核物理学家赵忠尧想回国的消息,郭沫若立即致电表示欢迎。赵忠尧要把在美国购置的物理学研究用的仪器带回国,郭沫若立即表示支持,并为其出具中国科学院的证明。赵忠尧在回国途中,被驻日美军无理扣押,郭沫若立即与外交部协同进行营救,并以中国保卫世界和平委员会主席的名义,致电保卫世界和平大会主席约里奥·居里,呼吁全世界科学家予以谴责。当得知赵忠尧在南京的家属生活困难后,立即提前核定赵忠尧的月薪发给家属,以解燃眉之急。

身为院长的郭沫若,高度重视基础理论研究。针对一些急功近利的浮躁情绪,他在1951年第1期的《科学通报》上发表一篇题为"光荣属于科学研究者"的文章,其中说道:

> 我们应该尊重科学,尊重科学研究,尊重科学研究家。科学研究自然是应该和实际配合的,但在这儿也有种种不同的历程。有的研究和实用的历程很短,研究的成果立即可以见诸实用。但有的却有相当长远的历程,一时是看不出成效来的。
>
> 对于科学研究,无论内外行,怀着急躁的心情期待,是不妥当的。眼光要看得远一点,算计要打

得长一点。

中国的科学家们,应该说都是优秀的爱国主义者。正因为爱国,所以才从事科学研究,应用科学来实际建国。

但无可讳言,我们对于科学和科学研究,无论内外行,都还不够十分重视。我们的眼光有时太短,而算计有时打得太紧。因此我提出这点暗示来请大家注意。我是在为科学界呼吁,也是在向科学界呼吁。

郭沫若十分重视文物考古工作,在中国科学院内设立了考古研究所,使新中国的文物考古工作日新月异。

随着科学事业的迅速发展,中国科学院需要选址重建,郭沫若数次主持院务会议,讨论研究基地的建设问题。多方考察,几经比较,郭沫若和几位院领导选定中关村为中国科学院的发展基地。1954年在中关村农田里,建起了中国科学院第一栋科研用楼,供近代物理研究所使用,后来又陆续在中关村建起一系列研究所的科研用楼,为中国的科学城打下了基础。

1955年12月,郭沫若率中国科学代表团访问日本,成员都是著名的科学家。当时中日尚未建交,到达东京时,机场上第一次出现五星红旗,代表团受到热烈的欢迎。郭沫若在机场对记者说,"在目前的国际环境下,中日两国人民特别需要和平相处"。郭沫若会见了日本国会议长、日本学术会议的会长以及许多新老朋友,还到市川、冈山、福冈等旧地重游。访问须和田旧居时,许多老邻居都来欢迎他,他用日语与老朋友叙旧,怀念在日本人民帮助下度过的艰难岁月。当年，郭沫若回国时，在日本遗留了一些自己用的资料，如书籍、殷墟出土的甲骨等，约近 1500 件。访问期间，日本的日中文化研究所特别来当面表示感谢，并表达了要在日本建立"沫若文库"的想法。郭沫若却不同意这样做，他说应该着眼于更大的范围，日方根据他的意见，建立了亚非图书馆，把他捐献的资料保存在该馆的中国室。这次访问，推进了中日人民的友谊，为恢复中日邦交起了积极作用。

1956 年初，郭沫若代表中国科学院向中央提出了关于创建中国科学技术大学的建议报告，得到中央的批准，他被任命为校长。从筹建到开学，只有半年时间。郭沫若主持校务委员会的工作，聘请了一批科学家担任教学工作。他还为学校校歌作词，请来音乐家吕骥谱曲。当时，有的学生经济上有困难，郭沫若拿出自己的稿费给以资助，并用稿费为学校修建了游泳池。"文革"前，他把 15 万元稿费上交给中国科学院。在他逝世后，中国科学院用这笔钱在中国科学技术大学建立了"郭沫若奖学金"。

二、为新中国歌唱

尽管工作繁忙，郭沫若始终没有停过手中的笔，热情地为新中国歌唱。这个时期，郭沫若创作了《新华颂》、《百花齐放》、《长春集》、《潮夕集》、《骆驼集》、《东风集》等诗集，创作了历史剧本《蔡文姬》、《武则天》，电影文学剧本《郑成功》，出版了中国古代史的研究著作《奴隶制时代》。在古籍整理方面完成了《管子集校》，整理、标点了《盐铁论》，编成《盐铁论读本》。此外，还写了《读〈随园诗话〉札记》和许多

郭沫若陪同毛泽东参观科技成果展览

文艺、历史、考古等方面的文章。同时担任主编，主持《中国史稿》和《甲骨文合集》的编纂。

郭沫若重新校注《管子》，完成了一项古籍整理工程

《新华颂》是郭沫若献给新中国的颂歌：

一

人民中国，屹立东亚。

光芒万丈,辐射寰空。
艰难缔造庆成功,
五星红旗遍地红。
生者众,物产丰,
工农长作主人翁。
使我光荣祖国,
稳步走向大同。

二

人民品质,勤劳英勇。
巩固国防,革新传统。
坚强领导由中共,
无产阶级急先锋。
工业化,气如虹,
耕者有田天下公。
使我光荣祖国,
稳步走向大同。

三

人民专政,民主集中。
光明磊落,领袖雍容。
江河海洋流新颂,
昆仑长耸最高峰。
多种族,如兄弟,
四面八方自由风。
使我光荣祖国,
稳步走向大同。

1958年，郭沫若、张劲夫陪同毛泽东主席参观中国科学院科技成果展览

这首诗发表在开国大典这一天的《人民日报》上。就诗歌的整体内容，诗歌作者的身份，诗歌发表的载体来看，《新华颂》堪称新中国的第一颂。歌颂新中国的诞生，憧憬新社会的未来，表达了那个时代的共同情绪，符合当时广泛的社会心理认同。作为一个时代诗人，郭沫若又一次爆发出创作激情，但与"五四"时代相比较，他的浪漫气质，似乎是转移了，更多的不是言个人之志，而是载政治之道。《新华颂》这部诗集，围绕"颂"的主题，有庆祝斯大林七十寿辰的《集体力量的智慧》；有为祝贺毛泽东与斯大林会见的《史无前例的大事》；有歌颂列宁的《光荣属于列宁》；有为"六一"儿童节所作的《六一颂》；还有歌颂新中国一年成就的《突飞猛进的一年》；歌颂抗美援朝的《火烧纸老虎》、《鸭绿江》；纪念建党三十周年的《顶天立地的巨

人》、《毛泽东的旗帜高高飘扬》；参加世界和平大会的《光荣与使命》、《在理智的光辉中》、《西伯利亚车中》、《亚太和会筹备期中有赠》等诗歌。这些诗歌，都是以文学形式，表达的政治畅想，是郭沫若的政治感怀，为郭沫若特殊的政治身份所决定。

郭沫若与中国历史编写组的同志们合影

如果说，郭沫若新中国成立后的诗歌是以歌颂为主，那么，他的历史剧创作则是以翻案为主了，借翻案歌颂领袖的文治武功。他说："我认为历史上有不少人物是应该肯定的。但其中有些人还受到歪曲，应该替他们翻案。殷纣王、秦始皇和最近正在讨论的曹操都是。"做翻案文章是郭沫若的特点，显示了学者的才华和气度。关于对历史人物的评价，他在20世纪40年代提出的"人民本位"标准上，又新增了一条标准——看他对历史发展所起的作用。他说："我们评定历史人物，应该以他所处的历史时代为背景，以他对历史发展所起的作用为标准,来加以全面的分析。"(《关于目前历史研究中的几个问题》,1959年)通过历史剧,把历史与现实结合,体现了这位史剧大师的一贯主张:历史剧的写作与研究历史不同,"史学家是以挖掘历史的精神,史剧家是发展历史精神","史剧创作要以艺术为主、科学为辅;历史研究要以科学为主、艺术为辅"。

1959年5月,北京人艺把历史剧《蔡文姬》搬上舞台

五幕历史剧《蔡文姬》写于1959年初,仅用一周时间便完成了初稿,后来又多次进行修改。郭沫若明确地说:"我写《蔡文姬》的主要目的就是要为曹操翻案。"他还写了一篇专论《替曹操翻案》,进一步阐述了自己的观点。他说:"曹操对我们民族的发展、文化的发展,确实是有过贡献的人","曹操冤枉做了一千多年的反面教员,在今天,要替他恢复名誉","我们今天的时代不同了,我们对于曹操应该有一种公平的看法。"剧本《蔡文姬》通过文姬归汉的历史故事,展现了曹操的雄才大略和文治武功,塑造了一个优秀的政治家形

象。剧本中的蔡文姬，是一个深明大义、才华横溢，却又深受颠沛流离之苦的才女形象。郭沫若塑造这一形象，倾注了自己的全部情感，他说，"在我的生活中，同蔡文姬有过类似的经历，相近的感情"，"蔡文姬就是我！——是照着我写的"。剧中对蔡文姬的细腻感情描写，深深地打动了观众。

郭沫若历史剧《武则天》剧照

四幕历史剧《武则天》，初稿完成于1960年1月，后来反复修改，1962年6月定稿，历时两年半。剧中的武则天，不再是阴恶奸狠的传统面貌，而是一个广开言路、知人善任、为天下长治久安而费尽心血的女皇。剧本通过武则天56岁到61岁的执政时期为描写对象，以平定徐敬业策动的叛变为线索，表现了武则天的政治抱负和杰出才干。郭沫若说，武则天"她执掌政权的五十年中，基本上是站在'爱百姓'的立场而进行措施的。她的政权之所以巩固，即基于此"，"她把唐太宗的'贞观之治'发展了，并为唐玄宗的'开元盛世'奠定了坚实的基础。开元时期的大臣宰相、文人学士大抵都是武后时代培养出来的人物"。当然，武则天"并不是没有缺点的人，特别是在她的晚年，她的缺点很难掩盖"。但是，"她以一个女性的统治者，一辈子都在和豪门贵族作斗争,如果没有得到人民的拥护,她便不能取得胜利,她的政权是不能巩固的"。

在郭沫若的一生之中,共创作了九个历史剧,在重庆时写了六个,主要是借历史影射批判现实,是刺向敌人的利剑;新中国成立后写了三个,主要是歌颂,通过重新评价历史上的政治家,表达了深刻的政治内容。他的历史剧在艺术中尊重历史的脉络,在历史中又充满浪漫色彩,取得了很高的艺术成就。邓小平在郭沫若追悼会上的悼词说,"他创作的历史剧是教育人民、打击敌人的有利武器"。这个评价是非常准确的。

三、夭折的"百花"

20世纪50年代末到60年代初,形成了郭沫若诗歌创作的另一个顶峰,仅数量而言,只有"五四"时代能与之相媲美。1958—1959年这两年,可以说是郭沫若诗歌的狂欢节,产生诗作之快,常常是一天一首,甚至数首,创造了中国新诗诞生以来的创作奇迹。

为什么会这样呢?让我们走进郭沫若的诗歌世界去考察。

在党中央提出"百

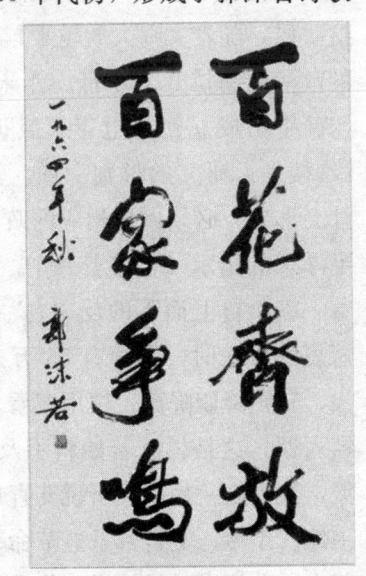

郭沫若书法

花齐放、百家争鸣"的方针后,郭沫若身体力行,在自己的工作中加以贯彻。1956年夏天,他兴致勃勃地打算以"百花齐放"为题,选出一百种花来歌颂,一种花一首诗。因为当时阴晴不定的政治氛围,百花只开放了三首(牡丹、芍药、春兰)便夭折了。耐人寻味的是,在《牡丹》诗的结尾,作者这样写道:

> 尽管被人称为国色与天香,
> 尽管有什么魏紫与姚黄;
> 花开后把花瓣散满园地,
> 只觉得败坏风光,令人惆怅。

花开败落固然令人惆怅,但诗人一扫昂扬的歌颂格调,是否寄予了一种政治敏感,是预示还是提醒?因为这时候,随着大鸣大放越来越深入,一场反击"右"派的政治运动拉开了序幕。郭沫若不可避免地参与其中,与新中国成立初对电影《武训传》的批判、对俞平伯《红楼梦》研究的批判一样,郭沫若特殊的政治地位与社会形象,必须做出相应的政治表态。到1957年6月,毛泽东的指示一个接着一个,《人民日报》社论一篇接着一篇,自上而下的反"右"斗争掀起了激烈的高潮。短短数月之时,全国有55万人被定为"右"派。这些人,轻则降职降薪,留用察看,重则开除劳教,甚至锒铛入狱。这是郭沫若始料不及的,听说丁玲成了"右"派,他大吃一惊;又听说艾青成了"右"派,他又大吃一惊。丁玲、艾青都是老革命、老党员,对郭沫若震动很大。他深有感触地说,像我们这样的人,如果不好好

郭沫若、茅盾、周扬合影

改造,骄傲自满,是很容易成为"右"派的。

城门失火虽然没有殃及池鱼,但郭沫若决不轻松,同类文人知识分子的遭遇,对他来说是前车之鉴,他不得不处处小心谨慎。据曾经与郭沫若有过共事经历的于光远回忆说:"在我的印象中,他是一个平易近人的长者,对党组织特别尊重,对党中央、国务院、毛泽东、周恩来不必说了。他发言经常说某月某日某党中央的同志,院党组都是怎么怎么说的,作出什么决定。我惊讶他不但内容记得准确,日子也能随口说来。不仅如此,就是对我,因是党中央机关来的年轻人,也有一种颇尊重的味道,使我感到惶恐。他的有些公开的讲话稿,比方他的批判右派的发言,中科院党组要我们处帮助起草,稿子他认认真真地看了,没改多少就同意发表。我们觉得他很好说话。我和处里的同志对他都有好感。"(于光远《关于郭沫若我也想写几句》,《文学自由谈》1999年第6期)坚决执行党的决定,对党组织特别是负责同志尤为尊重,如此认真平易近人,与浪漫豪放的诗人形象相去甚远。由此可见,在政界,郭沫若并非人们想象中的叱咤风云。他虽然是文联主席,但既不能、也不想去搅和那些文人们的是非曲直。在风光显赫的背后,是潜在的人生隐忧和危机。而这些感受,是无法在人声鼎沸的前台言说的,因为他已经是众目睽睽之下的一个政治人物和公众人物。如果了解郭沫若这份心境,再细致品味历史剧《蔡文姬》中女主人翁的某些台词,晚年历史论著《李白与杜甫》的某些章节,就不难理解,郭沫若是借他人之酒杯,浇自己之块垒,如人饮水,冷暖自知。《牡丹》诗之结尾,又何尝不是如此呢?在这样的境况下,《百花齐放》怎么能不搁浅呢?

1958年,热火朝天的"大跃进运动",诱发了诗人的豪情,夭折的"百花",终于重新怒放了。从1958年4月3日到6月27日,《人民日报》陆续发表了"百花诗"101首,除赞美一百种花外,还有一首是《其他一切花》。郭沫若说:"我倒有点喜欢'一零一'这个数字,因为它似乎象征着一元复始,万象更新。这里有'既济、未济'的味道,完了又没完。'百尺竿头,更进一步',这就意味着革命。"《百花齐放》的问世,体现了大跃进的时代特点。据作者自述介绍,写这些诗只用了10天的时间,以平均每天10首的速度生产,诗歌创作的速度如此之快,这在中外诗歌史上也罕见。中国第一文人郭沫若,确实不负众望,以诗歌的高速产量来体现总路线"快"的灵魂,体现"一天等于二十年"的"大跃进时代"精神,在文艺领域放了一颗耀眼的"卫星"。

继《百花齐放》之后,1959年,郭沫若又出版了诗集《长春集》，共收诗歌103首。除写于1943年和1955年的各一首外，其余都写于1957年至1959年间，其中大部分写于1958年。取名"长春"，是表示对这个社会主义建设高潮时代的赞颂。作为一个浪漫主义诗人，郭沫若不可能像经济学家顾准那样，对当时那种违背经济规律的大干蛮干产生警觉。他由衷地赞美这种改天换地的建设热情：

> 在工农业生产"大跃进"的今天，地方上的建设热情，真是热火朝天，正在排山倒海。……到处都是新鲜事物，到处都是诗，诗画的气韵生动，意想超拔，真足以令人深深感动。（《郭沫若全集》文学编第17卷）

无可否认，这些"大跃进"诗歌，因为追求数量和速度，很多是任务之作和应景之作，流于概念化，诗味不浓。尽管百花齐放了，诗歌也跃进了，但郭沫若的诗人形象却因此受到损害。有一位学生向他提出意见，说"郭老郭老，诗多好的少"。郭沫若看到信后还很高兴，感到后生可爱，虚心接受意见，并回答说："老郭不算老，诗多好的少；老少齐努力，学习毛主席！"有学者这样评价："建国后的郭沫若，不仅是受到各国人民欢迎的和平鸽，而且成了一支总是昂着头的雄鸡，由于形成条件反射，只要一见到太阳，他马上引吭高歌，一遍又一遍地为他唱赞歌。不过，在郭老心底里，却始终有个愿望要当一头骆驼，沉默而坚强地一步一个脚印地前进。"（龚济民、方仁念《郭沫若传》）

纵观郭沫若新中国成立后创作的诗歌，数量是新中国成立前的一倍多，但质量却相去甚远，经得住时间考验的确实不多。用他本人的话说："其中有一首《骆驼》，是我自己比较喜欢的诗。"

《骆驼》写于反"右"之前的"百花齐放"年代，发表于1956年9月17日。这是一首言志诗，意境自然，气韵洒脱，富有哲理。

> 骆驼，你沙漠的船，
> 你，有生命的山，
> 在黑暗中，
> 你昂头天外，
> 引导着旅行者，
> 走向黎明的地平线。
>
> 暴风雨来时，
> 旅行者
> 紧紧依靠着你，
> 渡过了艰难。
> 高贵的赠品啊，
> 生命和信念，
>
> 忘不了的温暖。
> 春风吹醒了绿洲，
> 贝拉树垂着干果，
> 到处是草茵和醴泉。
> 优美的梦，

像粉蝶蹁跹,
看到无边的漠地,
化为了良田。

看啊,璀璨的火云,
已在天际弥漫,
长征不会有,
歇脚的一天。
纵使走到天尽头,
天外也还有乐园。

骆驼,你星际的火箭,
你,有生命的导弹!
你给予了旅行者,
以天样的大胆,
你请导引着向前,
永远,永远!

另一首抒情诗《波与云》也呈现出优美的意境。

碧波伸出无数次的皓手,
向天上的白云不断追求。
白云高高地在天上逍遥,
只投下些笑影不肯停留。

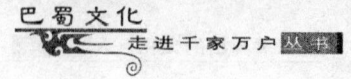

白云转瞬间流到了天外,
云影已被吞进波的心头。
波的皓手仍在不断伸拿,
动荡不会有止息的时候。

这些诗,即使用今天的审美标准判断,也是颇具有诗意和美感的。这说明,当郭沫若的内心暂时忘却世俗的喧嚣,当他的笔触远离风云变幻的社会纠葛,诗人的内心世界、情感世界、语言驾驭力就变得活跃而有生命。这些诗,虽然算不上经典杰作,但在新中国成立后郭沫若的诗歌创作历程中,却具有非凡的意义。因为它证明郭沫若浪漫诗人的本色依旧存在。同时,也反映出诗人的两难处境。一方面,他热衷于政治,自觉服务于政治,创作了许多连他自己都认为是标语、宣传口号、政治读物一类的诗,这些诗可以作为中国当代革命和建设的简史来读。但另一方面,他又珍爱自己诗人的桂冠,很想再次爆发《女神》时代的创作冲动,再次写出震撼人心的诗篇。

1958年12月27日,《人民日报》报道:中共中央国家机关有300名优秀分子加入中国共产党,其中有郭沫若、李四光、李德全、钱学森等。从此,郭沫若的党员身份正式公开,结束了他无党派民主人士的身份。早在1927年9月,郭沫若就加入了中国共产党,流亡到日本后,脱离了党的生活。抗战期间在重庆,他曾提出恢复党籍的问题,为了工作的需要,考虑到他留在党外可以发挥更好作用,党组织没有同意。而这次实际上是恢复了他的党籍的。有些青年曾经以郭沫若为例子,认为入党不入党都一样。但郭沫若却对采访的记者说："我经常感到遗憾，觉得有无党无派的郭沫若存在，似乎误了一部分青少年，现在党批准了我入党，我为自己庆幸，也为一部分青少年同志解除了误会而庆幸。"同时还诚恳地表示："作为无产阶级先锋队的一员，我要和千百万党员一道，在党的领导下，全心全意地为人民服务，要为建设社会主义服务，要为党的最高理想——建设共产主义贡献出毕生的力量。"

1963年夏，陈毅、聂荣臻、郭沫若参加中国科技大学首届毕业生典礼

四、"文革"风云

1965年11月10日，上海《文汇报》在显著的位置刊出了姚文元的长文《评新编历史剧〈海瑞罢官〉》。此后，《北京日报》、《解放军报》、《人民日报》相继转载，一时间全国各大报纸又纷纷刊登出来，引起人们的极大

注意。姚文元的文章以莫须有的罪名，对一个历史剧大动干戈，说什么"类似的作品和文章大量流传，影响很坏，流毒很广，不加以澄清，对人民的事业是十分有害的"。弦外之音，令人惶惶，作为历史学家、历史剧作家的郭沫若，感到气氛的紧张和事态的严重，预感到一场政治暴风雨即将来临。

"文革"中的郭沫若

1966年1月，郭沫若给当时的中国科学院副院长、党组书记张劲夫写了一封信。信中说：

> 我很久以来的一个私愿，今天向你用书面陈述。
> 我耳聋，近来视力也很衰退，对于科学院的工作一直没有尽职。我自己的心里是很难过的。怀惭抱愧，每每坐立不安。因此，我早就有意辞去有关科学院的一切职务（院长、哲学社会科学学部主

任、历史研究所所长、科技大学校长等等),务请加以考虑,并转呈领导上批准。

我的这个请求是经过长远地考虑的,别无其他丝毫不纯正的念头,请鉴察。

张劲夫与郭沫若在中国科学院一直合作得很好,但这不是他能处理的事情,立即转呈当时主管中国科学院工作的中央宣传部,并附信说,郭老很紧张,希望中央注意保护他。中宣部又转呈党中央,中央并未准辞,这事也就过去了。

1968年夏,七十多岁的郭沫若在考古现场指导工作

一个月后,江青炮制的《部队文艺工作座谈会纪要》出笼,有人把矛头指向郭沫若,不断给他写信,指

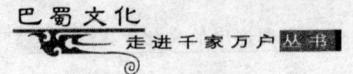

责他 30 年代鼓吹"国防文学"是投降主义；质问他在大家高唱"东方红"的时候，为什么在《满江红·领袖颂》里偏要说"听雄鸡一唱遍寰中，东方白"，用意何在？这些毫无根据的指责，又形成一种无形的压力，使郭沫若频增烦恼。

1966 年 4 月 14 日，全国人大常委会召开第 30 次扩大会议，文化部副部长石西民在会上作了《关于社会主义文化大革命》的报告。在报告后的讨论中，郭沫若作了表态发言：

> 几十年来，一直拿着笔杆子在写东西，也翻译了一些东西，按数字来讲，恐怕有几百万字了。但是，拿今天的标准来讲，我以前所写的东西，严格地说，应该全部把它烧掉，没有一点价值。主要原因是什么呢？就是没有学好毛泽东思想，没有用好毛泽东思想来武装自己，所以有时候阶级观点很模糊。

他的话说得很委婉，检查自己阶级观点很模糊，前面加了"有时候"，把书烧掉前面加了"严格地说"。这些话，显然不属于郭沫若内心，完全是试探性的话，是一种政治压力下的产物。但当时"文革"五人小组的康生却如获至宝，立刻转呈毛泽东，毛泽东亲笔批示"发表"。4 月 28 日，《光明日报》以《向工农兵学习，为工农兵服务》为题全文刊出了郭沫若的发言。5 月 5 日，《人民日报》又予以转载。郭沫若讲话一出，引起国内外强烈的反响。尤其是在日本，一些敬仰郭沫若的朋友，竟然要求亲赴中国，当面问问郭沫若"焚书"的真意。

此时的郭沫若，却已踏上了西去巴蜀的列车，开始了他为期半月的四川之行。郭沫若自从离别故乡之后，只在1939年父亲病重去世时，回过沙湾老家，距今已整整27年。新中国成立以后，虽多次到过四川，但都是作为国家领导人去视察工作，来去匆匆，仅在成都或重庆小住。这次回川，是郭沫若的一个愿望。也许是年逾古稀，又遭此险风恶浪，思乡之情更切。4月19日，郭沫若与夫人于立群携幼子郭建英，在秘书的陪同下，以国家领导人的身份，乘专列抵达川北重镇广元。

广元是火车入川的必经之地。选择广元为停留的第一站，显然是郭沫若对武则天这位历史人物情有独钟。广元有武则天的祀庙皇泽寺，位于嘉陵江西岸，距离广元城仅一公里，背靠苍松翠绿的乌龙山，面对奔腾浩荡的嘉陵江。郭沫若一行在当地负责人的陪同下，饶有兴致地踏进"则天殿"，玻璃柜里陈列着他写的条幅、碑文、手稿和《武则天》的剧照等物品，皇泽寺悬挂着他写的楹联：

政启开元治宏贞观
芳流剑阁光被利州

郭沫若自然感到无比的亲切。在瞻仰武则天石刻真容时，他兴致勃勃地对陪同人员讲起武则天的神奇传说。当时，中国的史学界充满肃杀之气：历史学家吴晗、翦伯赞相继被点名批判；郭沫若的好友田汉，也因写历史剧蒙受不白之冤。作为文联主席和史学界巨头的郭沫若承受的是双重压力,无时无刻不感到刀光剑影严相逼,正如他发言的检讨所言:"文史方面……每一篇文章,每一个批评,差不多都要革到我自己的'命'上来。"此时此刻,远离寒气逼人的环境,郭沫若找到了片刻的轻松。离开皇泽寺时,郭沫若赋诗一首:

> 广元皇泽寺,石窟溯隋唐。
> 媲美同伊阙,鬼斧似云岗。
> 三省四通地,千秋一女皇。
> 铁轨连南北,车轮日夜忙。

当日抵达剑阁,在游览剑门关后,郭沫若又应邀赋诗一首:

> 剑门无涉险,如砥坦途通。
> 秦道栈无迹,汉砖土欲融。
> 群峰齿尽黑,万砾色皆红。
> 主席思想壮,人民天下雄。

这两首五律诗,都是咏史诗,本是颇有诗意的,但结尾显得有些突兀。特别是剑门抒怀,尾联与前面完全不搭界,破坏了整个诗的意境。但由此也可以看出,郭沫若的心情并不完全放松,总是忘不了"卒章显志"——歌颂领袖和大好形势,这几乎成了郭沫若在新中国成立后所写诗歌的思维定势。

郭沫若一行到达成都后,原计划回故乡乐山沙湾。

但西南局和四川省委的负责同志建议他们先到川西南新建的工业城攀枝花参观，待返回成都后再回沙湾，郭沫若同意了这个安排。4月22日，郭沫若绕道大邑参观了《收租院》泥塑展览后，再经雅安、汉源、西昌、会理，跨越雅砻江，抵达钢铁工业基地——攀枝花。沿途西上，郭沫若一路高歌，吟诗题书。与京城寒气逼人的肃杀之气迥然不同，深山荒谷岭的建设工地，是一派热火朝天的建设景象，郭沫若又陶醉了，写下描绘祖国三线建设的赞美诗篇。回到成都已是4月的最后一天，正准备返回阔别27年的故土，5月1日晚却接到中央办公厅电令，回京参加5月4日召开的中央政治局扩大会议。这一最高会议通知表明，郭沫若恐惧的政治危机解除了，但他回故乡的夙愿，也不得不因此放弃。

1966年5月16日，中央政治局扩大会议发出关于开展"文化大革命"的《五一六通知》，彭真、陆定一、罗瑞卿、杨尚昆被认定为"反党集团"。6月3日，北京市委改组。同时，北京大学出现了"打到郭沫若"的大字报。8月，毛泽东写了《炮打司令部——我的一张大字报》，这使得运动不断升级，抄家批斗遍及全国上下。30日，周恩来根据毛泽东批示，拟定《一份应予保护的干部名单》，首先列出的是宋庆龄、郭沫若、章士钊、程潜、何香凝、傅作义、张治中、邵力子、蒋光鼐、蔡廷锴、沙千里、张奚若12位。其实，在"文化大革命"中，毛泽东一直在保护郭沫若。毛泽东在听取《文化革命五人小组关于当前学术讨论的汇报提纲》（简称《二月提纲》）的汇报时，汇报提纲中有许多内容是涉及郭沫若的，有他的辞职信和许多人要求批他的材料，毛泽东阻止了这场蓄谋已久的批郭运动。他说,郭沫若还要在学术界工作,表示一点主动,做一点自我批评就可以了。在不同的场合涉及郭沫若时,毛泽东都为他说话,多次指出,郭老是好人,功大于过,胡适讲共产党人不懂学术,郭老的古代史研究就很有成就。有人说郭沫若写赞扬海瑞的诗是大发牢骚,毛泽东为他辩护说,郭沫若是杂家,写两首诗不算什么。但毛泽东这些谈话,只限于口耳相传,并没有写进文件或公开宣布,一般群众并不清楚。

1966年7月4日,在北京召开的亚非作家紧急会议上,郭沫若以中国代表团团长的身份,作了题为《亚非作家团结反帝的历史使命》的长篇发言。最后,他对自己4月14的"焚书"发言作了解释和澄清。

> 我检讨了我自己……这是我的责任感的升华,完全是出自我内心深处的声音,但我把这话传播出去,出乎意外的惊动了全世界。有不少真挚的朋友对我表示了深切的关怀,我向他们致以谢意。但在资本主义国家和现代修正主义国家的报纸和刊物上,却掀起了一阵相当规模的反华浪潮。他们有意歪曲我的发言,借以反对我国的文化大革命。有趣的是日本有一位批评家,说我是被迫检讨,要烧自己的书,比二千多年前焚书坑儒的秦始皇还要残暴和傲慢……作为对人民负责的革命作家要不断进行自我改造,不断进行严格的自我批评,在我们这里是极其平常的事。

在当时那种背景下，郭沫若只能这样解释。为了自保，他必须做出政治表态。

天有不测风云，一波未平，一波又起。1966年秋天，一批"红卫兵"造了郭沫若的反，说他给《欧阳海之歌》这本书题的书名，其中"海"字的书法一笔而就，是由"反毛泽东"四字组成的，反党目的昭然若揭，限期交代罪行。周总理知道了情况，为避免发生意外，安排郭沫若转移了住处。事后，郭沫若有一首《水调歌头·海字》词，专记此事：

> 海字生纠葛，穿凿费深心。爱有初中年少，道我为金壬。诬我前曾叛党，更复流氓成性，罪恶十分深。领导关心甚，大隐入园林。
>
> 初五日，零时顷，饬令严。限期交代，如敢抗违罪更添。堪笑白云苍狗，闹市之中出虎，朱色看成蓝。革命热情也，我亦受之甘。

1967—1968年，灾难还是降临到郭沫若一家头上来了。

1967年4月12日，郭沫若在部队当兵的儿子郭民英，自杀身亡。郭民英是一个很有音乐才华的青年，因为精神上受过刺激，离开中央音乐学院到部队当兵，也许"文革"的批斗风暴唤起了他的记忆创伤，开枪自杀。那个年月，自杀意味着自绝于人民、自绝于党，得不到半点同情，郭民英被开除党籍和军籍。噩耗传来，郭沫若夫妇悲痛欲绝，可作为父亲，还要向组织写说明情况，并且作自我批评，没有教育好子女。郭沫若内心的痛苦可想而知,他和夫人于立群无言地在一块印着翠竹的方巾上绣上民英的名字,让这些葱绿的竹叶陪伴着儿子的骨灰。周恩来总理闻讯后,也赶到郭沫若府邸,安慰郭老夫妇。

1968年4月22日,又一个沉重打击降临到郭家,郭沫若最喜爱的儿子郭世英被迫害致死。郭世英是郭沫若众多子女中最有才华的一个,爱好文学,很早就写诗,还经常和父亲讨论问题,精神气质与青年时代的郭沫若很相像,郭沫若非常喜欢他。他很有思想,喜欢独立思考,在北京大学哲学系读书时,与一批志同道合者组织了一个地下文学社——X诗社。

郭沫若、于立群与儿女们(左二是郭世英)

他们独立思考,探讨的问题,诸如共产主义理想的确定性,思想文化界盛行专横,文艺批评的单一标准,社会主义的基本矛盾是不是阶级斗争……这些疑问在那个时代出现,无异于是离经叛道之言,是反革命言论。郭世英为此遭到厄运,被送往农场劳动。1965年秋,返回北京中国农业大学学习,直接原因是和女朋友的通话中用了英语,就被造反派绑架关押。当天晚上,郭沫若参加周恩来总理主持的一个会议,坐在总理的身旁,却没有提及儿子的事。三天之后,郭世英被迫害致死,遍体鳞伤,手脚被绳子捆绑后血肉模糊。于立群责怪他,为什么不向总理求救,郭沫若久久无言以对,颤抖着、悲哀地说出几个字:"我也是为中国好啊!"关于郭世英的死,迄今也是个谜。有人说他是不甘凌辱,以自杀表示抗议;也有人说,他是被造反派捆绑着,从三楼扔下来,肝脑涂地而死。周恩来也派人做过调查,但一直没有结果,最后不了了之。郭世英,一个不到26岁的生命,一个有思想的生命,一个精神界之战士,一个值得尊敬的杰出青年,就这样在残暴中凋谢了青春的生命之花。

郭沫若一年之中痛失两个爱子,巨大悲痛,长歌当哭,应该写出一首好诗。然而没有,一个以浪漫著称的诗人,悲哀之极,竟没有诗。早年那种个人感情的狂泄,

郭沫若与于立群生活照

已经一去不复返了。他只是默默地忍受着,把郭世英的日记本找出来,一面透过文字来重温儿子的往事,一面拿着沉重的毛笔,蘸了浓浓的墨,用工整的小楷,把儿子的日记抄录下来。一笔一画,刚劲清晰,没有龙飞与凤舞,却增添了凝滞和沉重,似乎寄托着郭沫若内心深处难以言说的痛苦与孤独,整整抄了八个本子,始终放在自己的办公桌上,与之朝夕相对,内心的悲苦可想而知!

郭沫若晚年的两本重要著作

1969年4月,中国共产党第九次全国代表大会召开。郭沫若出席大会,当选为中央委员。在随后的一段时间,运动减少,郭沫若又动笔写作。主要集中在《英译诗稿》和《李白与杜甫》两本书上。

《英诗译稿》所依据的原本是日本友人山宫允编选并加日文译注的《英诗详译》,共选录英美诗人的短诗约60首,1956年出版后,山宫允曾赠送郭沫若一册。也许是无法抗拒的苦痛难以释怀,在爱子郭世英死去之后的第一个春天,年近八旬的郭沫若,选了50首诗,颤抖地握着笔,直接在山宫允《英诗详译》书的空白处,进行翻译,译作既未誊抄,也未整理,而且还有一些批注。显然,郭沫若翻译这些诗,既不是为了出版,也不是为了示人,而是一介文人内心深处的独语。这些译作,是他去世之后,家人在整理遗物时才发现的,经过郭沫若的女儿郭平英、郭庶英的整理,1981年由上海译文出版社出版,定名为《英诗译稿》。如果细细品味一下那些译诗,你会感觉到另外一个郭沫若,一个真正的诗人对生命的感悟。

第一首：英格兰诗人史蒂芬斯的《风中蔷薇》中的一节：

> 睡中之梦，
> 风中之花。
> 蔷薇颠倒，
> 睡梦之涯。
> 水中有鱼，
> 心中有君。
> 鱼难离水，
> 君是我心。

第二首：苏格兰诗人托莫斯·康摩尔《生命之川》：

> 人生越老，岁月越短，
> 生命的历程似在飞转；
> 儿时的一天如同一载，
> 一载如同几个朝代。
> ……
> 圣诞呀，也许是圣诞——
> 谁也不想把日程放慢，
> 友人的谢世接二连三，
> 胸中的伤痛如荼如炭。
> ……

第三首：沃尔夫《爵士约翰·摩尔在科隆纳的埋

葬》的一节：

> 徐徐地悲伤地让他躺下，
> 浑身都还带着荣誉阵地的血花，
> 我们没刻一行字，没立一道碑，
> 但只让他的光荣永远伴着他。

第四首：罗素·葛琳的《默想》：

> 我看到星星在夏夜的天空中闪光，
> 就和从遥远的世界有光，
> 照射着它们的时候那样，
> 它们依然在闪光。
> 我不能让我尊严的人性低头，
> 在那冰冷的无限面前跪叩，
> 我既年青而有爱情，求知欲旺盛——
> 它们——只是在大气潮汐上的破片浮沉，
> 我有希望，苦闷，大愿，精神有如火焚，
> 而它们是无动于衷的毫无生命。
> 它们并不比我有更高的全能力量，
> 它们不能见，不能梦，不能变，不能死亡。
> 我不能在无量数的星星面前低头，
> 那无声的矜庄并不能使我投降。

经历了狂风巨浪冲刷的郭沫若，在垂垂老矣的暮年，在英国诗人的诗作中，又受到诗神的召唤，找到了湮灭的自我。翻译是一种再创作，诗人郭沫若是以这种

方式抚慰心灵的创伤,排解难以与人言说的委屈和痛苦。

《英译诗稿》完成后,郭沫若又开始写作《李白与杜甫》。这部著作倾注了他晚年的心血,是一部别有异样,别赋心声的历史论著。该书正式出版于1971年10月,既无前言,也无后记。因此,关于写作动机、写作过程、完成时间之类的情况,人们颇多猜测,说法不一。这部著作为世人所知,是1969年中苏两国中苏边界发生了武装冲突——"珍宝岛事件"之时,当时的苏联政府发表声明说:"早在18世纪40年代,巴尔喀什湖以东、以南的中国少数民族就已经臣服了沙皇。"此时,郭沫若在研究前人学术成果的基础上,考证出李白出生在巴尔喀什湖南的碎叶。我国外交部用此驳斥了苏联政府对历史的歪曲。为此,人们也知道郭沫若写了《李白与杜甫》。

《李白与杜甫》是"文革"中仅见的一本学术著作,作者选择了一个全新的视角去观察李杜,叙述了他们二人的从政历程,并对当时的政治风云、权谋之争作了细致剖析。这本书出版后,在当时那种文禁森严的背景下,少有公开评论者。"文革"结束之后,论者骤增,四十年来一直争论不休,褒者有之,贬者更多,见仁见智,各有其道理。粗略来看,人们的观点可大致分为三派:(1)批评派:主要集中在对"诗圣"杜甫的贬低,以及对写作动机的猜测,说郭沫若"扬李抑杜"是投上所好,痛加驳斥。(2)肯定派:以同情的态度追源溯流,为郭沫若"扬李抑杜"辩解,说明郭沫若一直喜欢李白,不喜欢杜甫,对"千家注杜,太求甚解","一家注李,不求甚解"的传统做法持异义,此论著是做翻案文章。这两种说法,都是以学术眼光来评价《李白与杜甫》,因为该书原本就是一部学术著作。书中对李白出生地、家世的考证,对李白家室的索引,对李白政治活动的梳理,对李杜思想和信仰的考释,甚至对李杜疾病和死因的研究等等,无一不是学术问题。(3)托意派:否认《李白与杜甫》是一部学术著作,因为它没有按照正常的学术套路切入历史人物,而是选择了一些自己"有话要说"的问题,走进李杜的世界,就像是用学术资料进行的一种独特创作,或者说更像一部片断式的李杜传记,是郭沫若"借他人之酒杯,浇自己之块垒"的隐喻之作。有学者分析说:"写作《李白与杜甫》的时候,郭沫若也到了该总结人生的年龄。他比以前许多时候都'清醒'。面对两位古代大诗人的命运,他有所思,有所忆,有所悟,他当时的真实心境在这本书中有脉络可循。"(刘纳《重读〈李白与杜甫〉》,《郭沫若百年诞生纪念文集》,社会科学文献出版社1994年版)还有学者更直接地说:"郭沫若在'文化大革命'中写的《李白与杜甫》,基本上不是一部学术研究之作,也不是为了李白鸣不平,更不是为了投毛泽东之所好,而是一部借历史亡灵进行自我解剖、自我总结的文人与政治关系的沉思录。"这些判断,或许更接近郭沫若写作《李白与杜甫》的真实意图。

如果我们细细品读《李白与杜甫》,会感到它与正宗的学术研究的确有些不同。第一,该书并没有从文学和艺术的角度比较两人诗作孰优孰劣,并以此来证明"扬李抑杜"的正确性。第二,尽管书中有对不同学术观点的驳议,但往往是信笔所至,随意发挥,以自己的兴趣点为转移,缺乏在学术上继往开来的意图。第三,文重于史,其语言和风格,有明显的时代烙印,但更具有强烈的个人情感色彩。

请看——对于李白的政治表现、政治地位、政治心理,郭沫若是这样评议的:

> 其实李白的值得讥评处是在他一面在讥刺别人趋炎附势,而却忘了自己在高度地趋炎附势。
>
> 和他视被征召为十分光荣一样,他也视被谗逐为十分遗憾。
>
> 唐玄宗眼里的李白,实际上和音乐师李龟年,歌舞团的梨园子弟,是同等材料。两千多年前汉代的司马迁曾经说过:"文史星历,近乎卜祝之间,固主上所戏弄,倡优畜之,流俗之所轻也。"
>
> 其实不过是御用文人的帮闲献技而已。
>
> 李白的性格是相当矛盾的,他有时表现得很清高,仿佛颇有浮云富贵,粪土王侯的气概,但他对于都门生活乃至官廷的生活却又十分留恋。
>
> 然而李白的心境始终存在着矛盾。他一方面明明知道朝廷不能用他;但另一方面他却始终眷念着朝廷。
>
> 李白是被夹在两种私心之间遭受到灾难,他对于李璘的忘公谊而急私忿固然早就失望,而对于肃宗李亨的先安内而后攘外也是十分痛心。但他不敢明言,却屡屡借题讽喻。
>
> 李白豪放,写了不少忧谗畏讥,愤世嫉俗之

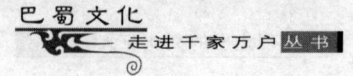

作,有时非常沉痛,非常激烈。这其实就是打中蜂巢的弹子了。(《郭沫若全集》历史编第4卷)

最后,郭沫若以惺惺相惜之情,无奈伤感的笔触,叙述李白的悲惨结局:

要之,永王的迅速败亡,是李白在政治活动中的又一次大失败,而且失败得更惨,更加突如其来。他虽然没有被杀,但浔阳的监狱在等待着他,夜郎的流窜在等待着他,迅速的衰老和难治的疾病在等待着他,李白所表演的悲剧逐步地快要接近尾声了。

以古况今,借古言志,向来是中国文人知识分子的传统,也许屡遭变故的郭沫若,在这名垂青史的文学人物身上,看到了自己心灵和精神追求的痕迹,借历史人物的命运多舛来抒发自己沉痛的隐曲之声。《李白与杜甫》之所以没有前言后记,作者也没有多余的解释辩驳,是否是像武则天的无字碑那样,功过是非任凭世人解说?据说当年指示科学院影印《李白与杜甫》的陈伯达,在详读了郭沫若的大作后,大概品出了其中的真味,不敢上呈毛泽东、周恩来。因此,应该说《李白与杜甫》是一部寓复杂人生况味于学术的真诚反思之作,是仕途疲倦的郭沫若,在进退两难的宦海浮沉后,做出的清醒自嘲与内省;是生命渐逝的郭沫若,在那个无法打开心扉的时代,为自己、也为后世留下的一部隐秘的心灵自叙传。

1973年5月，在中央工作会议上，毛泽东对社会上风传的"'文化大革命'失败了"的说法加以驳斥，指示要多读一点历史，要批判孔子和尊儒思想。8月5日，毛泽东写了一首新诗《读〈封建论〉呈郭老》：

>劝君少骂秦始皇，
>焚坑事业要商量。
>祖龙魂死秦犹在，
>孔学名高实秕糠。
>百代都行秦政法，
>十批不是好文章。
>熟读唐人封建论，
>莫从子厚返文王。

两天以后，8月7日《人民日报》刊发了中山大学杨荣国的文章《孔子——顽固地维护封建奴隶制的思想家》，开始了"批林批孔"运动，江青授意北大清华的大批判组，将郭沫若论著中尊儒尊孔，反法批秦的话，全部摘录出来，想发动对郭沫若的公开批判，毛泽东制止了这件事。一时间，"十批不是好文章"的最高指示流传开来，郭沫若又一次被迫站到了政治的风口浪尖，遭遇了他生命历程中的最后一次政治险恶。

1974年1月25日，"四人帮"以传达中央【1974】1号文件为名，召开"批林批孔"的万人动员大会。在会上，江青公开指责郭沫若的《十批判书》是错误的，含沙射影地攻击周恩来。两天之后，江青又在另一次大会上说："郭老对待秦始皇，对待孔子那种态度和林彪一样!"此后,江青、张春桥几次三番上门逼供,要郭沫若写检查,写"批宰相"、"批大儒"的文章,郭沫若清楚,他们的矛头是指向周恩来的,他顶住了这泰山般的压力,以沉默和无声表示了自己的态度。

一个八旬的老人,实在承受不了这种政治压力,就在江青走后的那天夜里,他病倒了,高烧不退。他得了肺炎,时好时坏,不断住院。郭沫若开始和另外一个更强的敌人——死神进行搏斗。病中的郭沫若,得到周恩来总理无微不至的关怀。周总理指示郭沫若身边的工作人员:郭老年事已高,要保护好郭老,二十四小时不能离人,配备专人昼夜值班,保证他的安全,一旦发现病情,及时送往医院。毛泽东也亲自派人探望郭沫若,并特意要去了郭沫若的《读〈随园诗话〉札记》一书,看了对秦始皇"焚书"的解释,明令禁止江青一伙准备将"一·二五"的讲话稿和录音带发派全国的举动。毛泽东是在用一种特有的方式安慰郭沫若,有了他的保护,一场严峻的政治风险终于化险为夷了。

1976年1月8日,周恩来总理逝世,噩耗传来,郭沫若整个身心像冰冻似的,痴呆呆的,木然地坐着,不论喊他、推他,全无反应,像傻了一样。最后苏醒过来,在日记上写下两行难以辨认的字迹:"风萧萧兮易水寒,壮士一去不复还。"从1926年在广州第一次见面,相知悠悠50年,情深似海,一旦诀别,怎能不悲痛欲绝!几天后,他写下沉痛的挽诗《怀念周总理》:

革命前驱辅弼才,
巨星隐翳五洲哀。

> 军民热泪纷纷落。
> 吊唁洪湖滚滚来。
> 盛德在人长不朽,
> 丰功垂世久弥恢。
> 忠诚与日同辉耀,
> 天不能死地难埋。

1976年10月,"四人帮"被粉碎的消息传到北京医院,郭沫若笑了,情不自禁地呼喊:"我们又一次得到了解放!"他抑制不住内心的欢乐,立即抱病写出了《水调歌头·粉碎"四人帮"》:

> 大快人心事,揪出"四人帮"。政治流氓、文痞,狗头军师张,还有精生白骨,自比则天武后,铁帚扫而光。篡党夺权者,一枕梦黄粱。

他把这首词首先送给中国科学院,院机关人员立即用大红纸抄出来,贴在院内大字报棚的显眼位置。很多人前来抄录,立即在社会上传诵开来。《解放军报》得到消息,首先发表了,后来许多报纸都转载。一些文艺界人士为词谱了曲,到处传唱,成为表达人民心声的一种形式。

1978年3月18日,"全国科学大会"在人民大会堂开幕。当时郭沫若正在住院,病情很严重,行动非常困难,医生不同意他出席大会。他说这样的大会,我不能不参加。医生只得为他做好一切准备,同意他赴会,但时间不能长。他是坐在轮椅上被推上主席台的,会开了不到一半,就被几个人连人带轮椅一起抬下主席台,送回医院。

大会闭幕时,他有一个题为《科学的春天》的发言,然而他已无力出席闭幕式了,只得请人在大会上代读:

> 春分刚刚过去,清明即将到来。"日出江花红胜火,春来江水绿如蓝。"这是革命的春天,这是人民的春天,这是科学的春天!让我们张开双臂,热烈地拥抱这个春天吧!

虽然在重病之中,他又一次以诗人的气质,歌颂春天,歌颂科学,歌颂未来。当我们听到这些朗朗之声的时候,谁会想到,这竟是他献给自己所热爱的科学事业的绝唱!

1978年6月12日,郭沫若的心脏停止了跳动。

6月18日,一场高规格的葬礼在人民大会堂隆重举行。天安门广场、新华门、外交部降半旗志哀。当时党和国家的最高领导人华国锋、叶剑英、邓小平、李先念等,党、政、军各部门负责人,各界知名人士及首都群众两千多人参加了追悼会。叶剑英主持追悼大会,邓小平致悼词:

> 郭沫若同志是我国杰出的作家、诗人和戏剧家,又是马克思主义的历史学家和古文字学家。……他在哲学社会科学的许多领域,包括文学、艺术、哲学、历史学、金文甲骨文研究,以及马克思

主义理论著作外国进步文艺的翻译介绍等方面,都有重要建树。他长期从事科学文化教育事业的组织领导工作,扶持和帮助了成千上万的科学文化教育工作者的成长,对发展我国科学文化教育事业作出了不可磨灭的贡献。他和鲁迅一样,是我国现代文化史上一位学识渊博、才华卓具的著名学者。他是继鲁迅之后,在中国共产党领导下,我国文化战线上又一面光辉的旗帜。

这是对郭沫若的盖棺论定,是中共中央对郭沫若我国新文化建设战线上一生奋斗、无私奉献的最高评价。客观地说,这一评价是符合实际状况的,应该成为全社会的共识。问题的复杂性在于:新中国成立后,我们党在探索建设有中国特色社会主义的道路中,经历了诸多的曲折。从"反右"开始,越来越"左",最终酿成"文革"大劫难。郭沫若也不能幸免于难。身为国家领导人,郭沫若的言行不得不受到制约。大凡小事,郭沫若都有表态,或引颈高歌,或发表讲话。郭沫若的儿子郭汉英在《郭沫若晚年二三事》的访谈录中,曾披露过郭沫若的一些心迹——"他不止一次说过:'不要把那些应景和酬酢之作收入我的文集。'"鉴于郭沫若的特殊身份和当时的历史语境,这一切都是可以让人理解的。但郭沫若激情式的性格,使其在可以沉默时没有沉默,反而主动亮相,由此加深了人们的误解。然而,有缺点的战士毕竟是战士,完美的苍蝇终究是苍蝇。纵观郭沫若波澜壮阔、曲折多变的一生,大醇小疵而已!如果郭沫若再活得长一些,赶上改革开放后思想解放的大潮,郭沫若一定会作出深刻的自我忏悔与反思，可惜他还没来得及，便匆匆撒手人寰，留下无从补救的人生长恨！

两天之后，遵照郭沫若的遗愿：遗体献给医学事业，骨灰撒到大寨的土地上。

一代诗人、作家、戏剧家、历史学家、考古学家、古文字学家静静地走了。他一生留下千万余字的著述，涉猎之广、成就之大、著述之丰，是中国历史上少有的。由郭沫若著作编辑出版委员会编纂整理的《郭沫若全集》总计38卷，1982年起陆续出版，全集分为历史、考古、文学三编。郭沫若生前居住的北京前海西街18号，以及郭沫若

北京郭沫若故居，现是郭沫若纪念馆

的故里四川乐山沙湾旧居，都成为郭沫若纪念馆。郭沫若的著作被译成各种文字，受到不少国家读者的喜爱。如今，在日本、韩国、德国、俄罗斯、捷克、美国，都有对郭沫若多方面的研究。

乐山沙湾的郭沫若故居

恩格斯曾经说过,这是一次人类从来没有经历过的、最伟大的、进步的变革,是一个需要巨人而且产生了巨人——在思维能力、热情和性格方面,在多才多艺和学识渊博方面的巨人的时代。在中华民族现代化历程中,郭沫若就是时代赋予我们民族的一位文化巨人。

巨人长逝,功业永垂!

让我们对这位文化巨人,表示我们的尊敬。

参考书目

1. 《沫若文集》(1—17卷)，人民文学出版社，1957—1963年
2. 《郭沫若选集》，四川人民出版社，1979年2月
3. 《郭沫若全集》历史编1-4卷，人民出版社，1982年9月
4. 《郭沫若全集》文学编1-20卷，人民出版社，1982年
5. 谢保成《郭沫若学术思想评传——二十世纪中国著名学者传记丛书》，北京图书馆出版社，1999年7月
6. 卜庆华《郭沫若评传》，湖南人民出版社，1980年4月
7. 桑逢康《郭沫若评传》，中国社会出版社，2008年
8. 郭庶英《我的父亲郭沫若》，辽宁人民出版社，

2004年2月

9. 冯锡刚《郭沫若的晚年岁月》,中央文献出版社,2004年6月

10. 贾振勇《郭沫若的最后29年》,中国文史出版社,2005年8月

11. 王锦厚《郭沫若学术论辩》,成都出版社,1990年

12. 税海模《审美感悟与文化透视》,巴蜀书社,2003年

后　记

郭沫若是20世纪的一位文化巨人,他不仅以文学、史学的特殊贡献驰名中外,而且把复杂的人生经历留给了后代。他一生和20世纪中国历史一样丰富和曲折,是20世纪中国文学史、文化史最具有代表性,也最具有争议的人物之一。横向来看,他涉及文学、历史和考古几大领域,又身兼文人、学者和政治家几重身份,不但在涉足的学术文化方面都有建树,成绩斐然,影响甚广;而且一直活跃在政治领袖周围,为民族的新生呐喊奋战,实现了个人的政治抱负。纵向来看,在风云变幻的岁月中,他总是在时代浪潮的浪尖上呼喊:20年代初,极力张扬个性,反叛传统,以《女神》唱出时代的最强音;20年代后期,倡导革命文学,强调文艺为现实政治服务;30年代,埋首学术,成为一代史学大师;40年代,以历史剧创作震惊文坛,成为革命文化的班头。新中国成立以后,他成为国家领导人,同时也在文学创作和学术方面努力开拓。

"尔曹身与名俱灭，不废江河万古流。"阐说历史人物，评论世间往事，是一件重要而谨慎之事，尤其是像郭沫若这样具有时代特色的文化巨人，很难做出全面透彻的阐释。读懂郭沫若，理解郭沫若，需要理性的态度和宽阔的胸襟。目前，尽管郭沫若传记之类的书很多，却不乏时代局限和个人偏见，值得珍惜的是资料。笔者这本小册子，想用通俗读物的形式，还原一个真实的郭沫若。然而，区区几万字，想述说郭沫若的功绩，评说郭沫若功过，谈何容易？考虑再三，标题为"从巴蜀走出的文化巨人郭沫若"，选择"海棠香国的骄子"、"中华民族的赤子"、"共和国的歌手"三个小标题，构成介绍这位文化巨人的基本轮廓。因为郭沫若毕竟是从四川走向全国，走向世界的文化巨人。他生于蜀，长于蜀，受教于蜀，寄情于蜀，无论为文行事，都与蜀文化有着深厚的渊源关系。蜀人求新创异的品格，蜀学"重文史、黜玄想"的特色，蜀文化经世致用的传统，都给他留下了深深的烙印。

从地域文化的角度走近郭沫若，是近年来郭沫若研究的一个热点。其实，早在1942年，周恩来就是这样介绍郭沫若的："他虽然在少年时代，也是关在四川宗法社会里面的，但在二十岁以后，他走出夔门，几乎成为无羁绊的自由知识分子。虽然他也如同时代的知识分子一样，过着贫困流浪的生活，他的半商半读的家庭，虽然也给他一些影响，但是三十年来大时代给予他的影响，却有着异常不同的比重。"（周恩来《我要说的话》）该书也选择从地域文化的角度介绍郭沫若，但由于作者水平学识有限,达不到本想追求的效果。但愿明敏的读者,能从作者的写作意图中感悟更多。

曾加荣

2011 年 8 月

图书在版编目(CIP)数据

从巴蜀走出的文化巨人郭沫若/曾加荣著.—成都：巴蜀书社，2012.11
(巴蜀文化走进千家万户丛书·第五辑)
ISBN 978-7-5531-0169-9

Ⅰ.①从… Ⅱ.①曾… Ⅲ.①郭沫若(1892~1978)—生平事迹 Ⅳ.①K825.6

中国版本图书馆CIP数据核字(2012)第252803号

·巴蜀文化走进千家万户丛书·
从巴蜀走出的文化巨人郭沫若　　　　　曾加荣　著

责任编辑	陈亚玲
封面设计	张　科
出　　版	四川出版集团巴蜀书社
	成都市槐树街2号　邮编610031
	总编室电话：(028)86259397
网　　址	www.Bsbook.com
发　　行	巴蜀书社
	发行科电话：(028)86259422　86259423
经　　销	新华书店
印　　刷	四川机投印务有限公司
版　　次	2012年11月第1版
印　　次	2012年11月第1次印刷
成品尺寸	138mm×203mm
印　　张	4.375
字　　数	130千
书　　号	ISBN 978-7-5531-0169-9
定　　价	15.00元

本书如有印装质量问题，请与工厂调换。